U0518346

丛书编委会

总　策　划：来新国　　王文成

编委会主任：郭齐勇　　周晓亮

编　　　委：来新国　陈知涯　张　彧　尹格韬　沈　众

　　　　　　王文成　孟淑贤　周长志　罗养毅　秦　丹

　　　　　　乌　琛

大家精要
典藏版丛书

简读

读

商鞅

申屠炉明　著

陕西师范大学出版总社　西安

图书代号　SK24N1899

图书在版编目(CIP)数据

简读商鞅 / 申屠炉明著 . — 西安：陕西师范大学
出版总社有限公司，2025.3
（大家精要：典藏版 / 郭齐勇，周晓亮主编）
ISBN 978-7-5695-4133-5

Ⅰ . ①简… Ⅱ . ①申… Ⅲ . ①商鞅（约前 390-
前 338）—人物研究 Ⅳ . ① B226.25

中国国家版本馆 CIP 数据核字（2024）第 025944 号

简读商鞅
JIAN DU SHANG YANG

申屠炉明　著

出 版 人	刘东风
策划编辑	刘　定　陈柳冬雪
责任编辑	马凤霞
责任校对	彭　燕
封面设计	龚心宇　张潇伊
出版发行	陕西师范大学出版总社
	（西安市长安南路 199 号　邮编 710062）
网　　址	http://www.snupg.com
印　　刷	深圳市福圣印刷有限公司
开　　本	889 mm×1194 mm　1/32
印　　张	5.5
插　　页	4
字　　数	100 千
版　　次	2025 年 3 月第 1 版
印　　次	2025 年 3 月第 1 次印刷
书　　号	ISBN978-7-5695-4133-5
定　　价	49.00 元

读者购书、书店添货或发现印装质量问题，请与本公司营销部联系、调换。
电话：（029）85307864　85303629　　传真：（029）85303879

目 录

第1章

商鞅的生平

商鞅（约前390～前338），是中国历史上的杰出人物，也是中国古代早期法家的主要代表人物。商鞅一生中最显著的事功是在秦国施行了改革，历史上称为"商鞅变法"。通过商鞅的变法，秦国由一个比较落后的国家变成了先进的强国，商鞅的法家思想成为秦国统治者治理国家的指导思想。这一切为后来秦始皇兼并六国、建立多民族的统一国家奠定了基础。

商鞅的身世

商鞅，出生在公元前390年左右，正当中国历史上的战国时代。他是当时的卫国人。他的本名叫"卫鞅",与卫国公族有较远的亲属关系。按照"诸侯之子曰公子,诸侯之孙曰公孙,公孙之子以王父(祖父)之字为氏"的礼制,他又叫"公孙鞅"。后来在秦国,由于功绩卓著,秦封给他于、商二地十五个"邑"的地方作为奖赏,也就是说,他是这些地方的主人,或者说是最高行政长官,所以他又被称为"商君"。联系他的本名,又称为"商鞅"。因此,商鞅这个名字是他到秦国被封为商君以后才有的。本书为了叙述的方便,对他一律用后世通称的名字,即商鞅。

需要注意的是,在古代姓与氏有别。这里的"卫""公孙""商"都是古代的氏。很明显,"卫鞅"是以国家的名称作为氏,"商鞅"是以所居住地方的名字作为氏,"公孙鞅"是以王父的字作为氏。至于他的姓是什么,据汉代历史学家司马迁说,他的祖上本是姬姓。因为周天子姓姬,卫是周的同姓诸侯,当然与周天子同姓。不过,后来姓氏混一,也无须再作分别。

商鞅的祖国卫国,是周朝初年分封的诸侯国。卫国的始封君叫卫康叔,名封,是周武王的同母少弟。原来武王克殷以后,将殷余民一部分封给纣王子武庚,以奉其先祀不绝。武王不放心,让他的弟弟管叔、蔡叔监国。武王死后,成王继位。成王年幼,由周公执政。这引起了管叔、蔡叔等人的不满。他们到处散布流言说："周公独揽大权，不利于孺子（成王）。"商纣王的儿子武庚见机会来临，乘机勾结管、蔡等人发动了武装叛乱。周公受成王命东征，杀武庚，诛管叔，流放蔡叔。东征胜利后，周公又在周武王分封的基础上，进行了第二次大规模分封诸侯。以武庚的殷余民封康叔为卫君。康叔就这样被分封在黄河、淇水之间的殷墟，建立了卫国。到了周平王东迁时，卫武公与秦、晋、郑三国之君因护送有功被载入史册，周平王册封卫武公为公。春秋至战国时代，卫国内乱不断，父子相杀，兄弟相灭。到了卫成侯时，更加不济，贬号曰侯。卫国也因是一个小国家，常常作为大国的附庸而生存。

卫国处于今河南北部、山东西部和河北南部一带，国都在濮阳（今河南濮阳西南）。卫国虽然是小国，但因地处中原，交通便利，人口多，农业和手工业很发达，是各大国之间商品贸易的中心之一。由于经济繁荣，文化艺术也很发达。不同学派的学者都在这里活动过。卫灵公三十八年（前497），孔子到了卫国。卫灵公很敬重孔子，让他得到了如同在鲁国时的待遇。但孔子并不是为待遇而来，而是为了实现自己的政治理想。理想不能够实现，孔子便离开了。后来孔子的学生子夏也来到卫国，就在卫国的西河地区教授学生，属于儒家的一派。法家著名的吴起也是卫国左氏人。商鞅出生于没落贵族家庭，详细的家世等情况由于缺乏记载，已经不可详考。但可以肯定的是，在卫国这种浓厚的文化氛围下，商鞅学到了各种知识，为将来的出仕打下了坚固的基础。

司马迁《商君列传》记载，商鞅在少年时代就很喜欢"刑名之学"。"刑"同"形"，"名"即名称、名号。"循名责实"，法家主张根据国家法令来判别人们的行为。所谓"刑名之学"，实质是一套讲究法令的学问。汉朝另一位著名的历史学家班固说他曾经跟鲁国人尸佼学习过，尸佼有著作《尸子》。班固的《汉书·艺文志》将尸佼列入杂家。杂家的特点是"兼儒墨，合名法"，说明尸佼的思想主张中，儒墨名法各家思想兼而有之，不主一家之说。由此可知，年轻时的商鞅对战国时各派的学说都有所涉猎，是一个极其博学的人。但他最喜欢研究最深的是法家的一套学说，后来在秦国建功立业靠的也是这一套学说，而法家人物中对商鞅思想影响最大的是李悝（kuī）。

李悝（约前455～前395），或称李克，是战国初期法家的杰出人物。他把当时各国的法律做了全面的研究和整理，编了一部新的法律全书，叫《法经》。这部《法经》早已经亡佚，好在《晋书·刑法志》保存了它的篇目。《唐律疏议》著录《法经》六篇，分别是《盗法》《贼法》《囚法》

《捕法》《杂法》《具法》。李悝认为王者之政莫急于盗贼，所以他的书以《盗法》《贼法》为首要两篇。盗贼须劾捕，故次为《囚法》《捕法》。人之轻狡、越城、博戏、借假、不廉、淫侈、逾制等，以《杂法》绳之，又以《具法》一篇"具其加减"。

李悝《法经》中的"盗"，主要指对私有财产的侵犯。"贼"主要指对人身的侵犯，包括杀、伤之类。《囚法》《捕法》相当于唐律中的《断狱律》《捕亡律》。《杂法》主要是维护封建等级制度和统治秩序的法典。《具法》是根据具体情节加重或减轻刑罚的规定。《法经》基本上是一部诸法合体而以刑为主的刑法和刑事诉讼法典。《法经》也是中国历史上第一部地主阶级维护其统治的法典。它不仅集此前各国法律的大成，还是秦汉以后历代封建王朝法律的蓝本。

李悝除了编著《法经》之外，还把他的思想理论用于实践，在魏国进行了政治改革，这一改革被称为"变法"。李悝是魏国的相，在政治上，主张挑选并任用有才能的人做官，奖励有功劳的人，同时剥夺那些无功受禄的世袭贵族的政治特权，废除旧的世卿世禄制度。在经济上，李悝主张"尽地力"，鼓励农民的生产积极性，发挥土地的潜力，以增加国家的收入。李悝的变法取得了很大的成效。

另一个对商鞅思想有直接影响的人是吴起。吴起是战国初期著名的政治家和军事家。据史书记载，吴起是卫国人，出身于"家累万金"的富有之家，为了求仕图前程，耗尽了家资，而一无所成，遭人耻笑。为了泄愤，吴起杀了三十多个诽谤他的人。因杀人的事，他在故乡不能立足，逃往鲁国，临行前他对母亲发誓说："我如果在外面当不了卿相，绝不回来见你。"他先在孔门弟子曾参的儿子曾申门下学习儒术，母亲去世，也不回去奔丧。因为他心中还念念不忘当年所发的誓言：不富贵，不还乡。儒家讲仁义忠孝，他的这种举动显然与儒家的信条相违背，曾申认为他不孝，不配当儒家的门徒。吴起就脱离了儒家，改习兵家之学。

齐宣公四十六年（前410），齐国攻打鲁国。吴起有军事才能，但鲁国并不用他为将，原因是他的妻子是齐国人。为了取得鲁君的信任，吴起杀了自己的妻子，这就是历史上有名的"杀妻求将"的故事。吴起担任了鲁军统帅，打败了齐军。论功行赏，按理吴起应该受到重用，然而鲁国是个守礼的国家，像吴起这样不讲孝道的人，根本不受重视。吴起只好离开鲁国，来到魏国谋求发展。

魏国的国君是魏文侯。魏文侯听说吴起有治国之才并能带兵打仗，便收留了他。魏文侯三十七年（前409），魏君任用吴起为将伐秦。吴起领兵，能够与部下同甘共苦，史载他"卧不设席，行不骑乘"，行军时与士卒一样徒步，不骑马，宿营时不设席，所以他率领的军队，战斗力极强。加上指挥有方，魏军一路攻城拔寨，先后攻占秦国的临晋（今陕西大荔东）、元里（今陕西澄城南）、洛阴（今陕西大荔西北）、郃阳（今陕西合阳东南）等地。秦国的河西之地全部丧失，魏国在这些地方设置西河郡（又称河西郡），任命吴起做郡守。

吴起在西河郡任职二十七年，"治百官，亲万民，实府库"，把地方治理得井井有条，使秦兵不敢东犯，韩、赵二国也表示服从魏国。吴起在任上还总结了自己的军事实践经验，写了《吴子兵法》一书。《吴子兵法》是继《孙子兵法》以后，我国军事史上又一珍贵兵书。此书与《孙子兵法》同享盛名，并称"孙吴兵法"，在我国军事史上有着重要地位。战国后期的韩非在《韩非子·五蠹》篇里提到，当时"藏孙吴之书者家有之"，说明两书在当时极为流行。

商鞅的经历

商鞅所在的卫国是个小国，在本国不能施展他的才能和抱负。邻近的魏国是战国初期的强国，属于大国。早在魏文侯（前 445~前 396 在位）执政时期，便任用法家人物李悝、吴起等人变法，励精图治，使魏国成为当时最强大的国家。

曾有人说，魏国拥有土地千里，带甲的战士三十六万。魏国攻破邯郸，西围定阳，率领十二诸侯朝见天子，俨然为各国诸侯的盟主，使得西面的另一大国秦国国王到了寝食不安的地步。这一切都使年轻的商鞅很向往，于是在魏惠王（前369～前319在位）即位不久，即公元前365年，他来到了魏国。此时虽然李悝已死，吴起因受排挤投奔了南方的楚国，但是魏国仍在大国、强国之列。

商鞅到了魏国以后，便投到魏相公叔痤（cuó）的门下当了一名被称为"中庶子"的家臣。中庶子是公叔痤家中的执事人员，地位并不高。由于在相府做事，商鞅得以结识社会上各个阶层的人物，学习为官之道。这里又有很好的学习条件，商鞅刻苦钻研了李悝的著作《法经》，并研究李悝、吴起的政治主张和改革实践。这一切对于他进一步研究法家思想，完善自己的法家理论主张，有很重要的作用。

公叔痤是魏国的一位贤相，主张富国强兵，重用法家人物。《战国策·魏策一》记载了这样一件事。魏惠王八年（前362），公叔痤为魏军统帅，与韩、赵二国的联军在浍水（今山西翼城东南）以北交战。魏军取得重大胜利，擒获了赵国大将乐祚。捷报传到国内，魏王极为高兴，亲自率领百官出城迎接，还要赏给公叔痤"田百万"。这些田是专门用来赏给有大功之人的闲田。公叔痤听了以后，很谦虚地对魏王说："我们的军队这次没有打败仗，是三军将士在强敌面前不顾性命勇往直前的结果，而这些正是当年吴起治军留下来的。两军对决，审时度势，避害趋利，计谋出自巴宁、爨（cuàn）襄两人，哪里谈得上是我个人的功劳呢？"为此，魏王还特地派人寻访吴起的后人，赏田二十万。又赏给巴宁、爨襄"田各十万"。公叔痤对法家一派的人物推崇备至，见商鞅对这派的学说有研究，人又年轻能干，也很欣赏他。可惜的是还没有来得及提拔重用商鞅，公叔痤就一病不起了，但他仍想作一番努力。

有一次，魏惠王亲自到公叔痤的家里来探望慰问，见他病得厉害，不禁伤心难过起来，对公叔痤说："要是你真的不行了，那国家怎么办？叫我如何是好？"公叔痤恳切地回答道："请大王不要忧虑，这个我也考虑过了。我的门下有个中庶子叫公孙鞅的，人虽然年轻，却是个奇才。希望大王把国家交给他来治理，保证没有问题。"魏惠王听了以后没有说话，过了一会儿，便要回去。见此情景，公叔痤知道自己这番话并没有打动魏惠王，赶紧叫左右的人回避，接着对魏王说："大王如果不听我的话，不想用公孙鞅也可以，但要把他杀了以绝后患。不要让他出境离开魏国，免得为别国所用。"公叔痤说出这番重话，目的是让魏惠王重用商鞅。魏惠王应付了几句就走了。公叔痤召来商鞅，道歉说："刚才大王问我，我死以后有谁可以继任我的宰相职务，我向他推荐了你。但我看他的样子是不会听我的话的。从我的立场出发，必须先考虑国家的利益，然后才是个人的利益。所以我对大王说，如果不用你，就必须杀了你。大王已经同意了，你还是赶紧逃离魏国吧，免得被他们抓住。"商鞅听后，并不着急，回答说："谢谢您对我的信任和关怀。以我对大王的了解，他既然不听你的话重用我，同样也不会来杀我。"商鞅到底还是留了下来。再说魏惠王回到宫里以后，对左右说："看来公叔痤真是病得不轻，居然叫我把这么大的国家交给一个叫公孙鞅的年轻人，真是荒唐透顶。"果然不出商鞅所料，魏惠王既没有重用他，也没有杀他。

公叔痤死了以后，商鞅见无人赏识他的才能，也不能施展他的抱负，郁郁寡欢。此时魏国的统治者正忙于迁都，魏惠王将都城从安邑（今山西夏县西北）迁到了大梁（今河南开封西北）。商鞅不想跟随而去，就想离开魏国另谋出路。恰在这时，从秦国传来消息说，秦孝公刚一即位，就下了"招贤令"，要仿效中原各国，变法革新。商鞅看到秦国力量大增，两次把魏国打得大败，认为到那里去肯定会大有作为。于是，秦孝公元年（前361），商鞅收拾行装，带着李悝的《法经》，到秦国去了。

第 2 章

商鞅所处的时代

商鞅出生于战国初期，这正是中国历史上发生重大变革的时代。历史学家通常把从公元前453年韩、赵、魏三家灭知伯，经公元前403年韩、赵、魏被周天子正式册封为诸侯，至公元前338年商鞅之死这段历史时期，称为战国前期。战国七雄形成后，各国把主要精力放在内部整顿上，在政治、经济、军事等方面进行了改革，如魏李悝的"尽地力"、吴起在楚的改革、商鞅在秦的变法等。这一系列重大的历史事件并不是孤立的，而是与整个战国时期社会大背景紧密联系在一起的。各国通过变法运动，清除了旧势力的影响，新兴势力登上历史舞台。

战国初期的社会与各国形势

战国初期的社会

　　首先从政治上说，战国时期由于各诸侯国经济、军事的发展，原来的政治格局被打破。在早先的西周时代，周天子拥有至高无上的权威，"礼乐征伐自天子出"。到春秋时期，王室衰微，大国争霸，出现了"礼乐征伐自诸侯出"的局面。到了战国时代，由于诸侯国内的一些卿、大夫势力发展，逐渐控制了各国的政治，"礼乐征伐自诸侯出"演变成"礼乐征伐自大夫出"。又有原来卿、大夫手下的家臣控制卿、大夫封邑的权力，出现"陪臣执国政"现象。典型的事例是"三家分晋""田氏代齐"。韩、魏、赵原是晋国的大夫，田氏是齐国的大夫，但后来完全取代了原来的诸侯。这样，西周以来传统的统治秩序被彻底打乱，周天子的权威被打破，以血缘关系为基础的宗法制度在政治生活中失去了作用，贵族下层的士以及庶人的地位有了很大的提高。

　　经济方面。由于铁器的使用、牛耕的推广，生产力迅速提高。战国时代的生产已经普遍使用铁器。战国时代的铁器不仅种类多，数量大，而且分布很广，这从全国各地出土的战国铁器可知。新中国成立以来，在北方的辽宁、河北、河南、山东、山西、陕西，南方的湖南、湖北、广东、广西等地，都先后发现了战国时代的铁农具。在河南辉县固围村的战国墓中，曾经出土铁器一百六十多件、铁农具五十八件。正因为铁制农具广泛使用，所以战国时代的农业才得以极大地发展。牛耕的推广，也使农业生产发生革命性的变化。牛耕起于何时，学术界尚有不同的看法。不过甲骨文中有"勿"字，像耒翻土，土粒着于刃上。晚期甲骨文又有从牛从勿之字，说明商代已经有牛耕的情况，但并不普遍。春秋以后，特别是战国时代，牛耕就很普遍了，这是有考古材料可以证明的。河南辉县出土的 V 字形铁犁铧，重量约为一市斤，斜边长十七点九厘米，夹角为一百二十度左右。经专家研究，这种 V 字形铁犁铧就是牛耕使用的。铁器、牛耕的使用和推广，使农业产量有了大幅度的提高，可以养活更多的人口。总之，生产力的发展推动了生产关系的改变，而新的生产关系又反过来推动生产力更快发展。可以说，两者是互相促进的关系。

战国时期，由于农业生产的迅速发展，手工业生产也进入了一个大发展的新时期。具体说来，铁器、青铜器、漆器、丝织品等的生产水平，都比春秋时期有了显著的提高。

随着农业和手工业的发展，农产品、手工艺品的增多，战国时期的商业也越来越繁荣。这个时期商品交换的范围扩大了，以前，商业主要是为贵族官僚服务的，到了战国时期，商品市场上不仅有贵族官僚需要的奢侈品，也有广大农民、手工业者的生产工具和生活用品。商业的发展使专门化的商人产生了，这又进一步促进了社会分工的细化，有利于社会的发展。战国时期各国都有自己的货币，种类多，式样也各异。商业的繁荣，又促进了货币的流通。由于商品货币关系的发展，商人的活跃，战国时期的城市进一步发展起来了。各国的国都和郡县官府的所在地，都发展成规模不等的城市。此前，城市的规模不大，人口也不多。据记载，诸侯国的国都方圆不过九百丈，卿大夫的都城不过三百丈，一般城市的居民最多不过千家，小的不过数十家而已。战国时期，都市规模扩大，方圆千丈、居民万家的不在少数。各国的国都也往往是该国政治、经济、军事、文化的中心。

军事方面。各国经济的发展，使各国的国力有不同程度的加强。战国时期的特点就突出在一个"战"字上，各国之间干戈不休。从战争的目的和规模来说，与春秋时期有很大的不同。汉代的《春秋》研治专家董仲舒说"春秋无义战"，说明春秋时期战争频繁。但这些战争的本质是大国争当霸主。他们的口号是"尊王攘夷"，打着"尊王"的旗帜，表明仍是尊周天子为天下共主，并没有取而代之的意思，有的只是如后世"挟天子以令诸侯"的味道。到了战国时期，这一切完全被抛弃了。各国之间进行的是兼并战争，都想消灭对方，所以战争的规模也比春秋时期大多了。

思想文化方面。随着社会生产力的发展，西周以来的统治秩序被打破。春秋末期至战国出现了中国历史上第一次思想大解放。原先学在官府的局面也有改变，私人讲学的风气形成，社会上出现了儒、墨、道、法、兵、名、阴阳、农、杂等学派。在战国时代的社会大变革中，士异常活跃，聚徒讲学和著书立说成为一时的风尚。当时的士人进入仕途的主要门径是游说和从师，这又促进了诸子私学的兴盛。各个不同的学派为了各自的阶级和社会集团的利益互相驳难，展开了思想上的斗争，进而形成了前所未有的百家争鸣的新气象。活跃在政治舞台上的士，成为社会上的一种特殊势力。

士阶层的崛起有一个过程，先秦的"士"含义复杂，学者多有论述。简言之，春秋以前的士，从社会地位看，是一个等级。《左传·昭公七年》说"天有十日，人有十等"，士是"十等"中的一种。就其社会角色而言，"士"多以充当武士为业。故顾颉刚先生说："吾国古代之士，皆武士也。"但从春秋中后期起，士这一等级开始发生重大变化，转变为一个阶层。如果说等级是政府明令规定的，而社会阶层则由多种因素形成，主要是社会活动形式。此时士的社会角色也逐渐由武士转化为文士，但并不是由武士直接变为文士，而是原来士等级中的文化人获得了迅速的发展——对智能、知识的需求是社会变革及社会发展动力。这一时期的士也不是不从武，不过军士主要由庶民充当了。正是这部分原来士等级中的文化人迅速发展，形成了一个阶层，活跃于社会舞台，他们到处游宦，上说下教，不远千里载书而行。如墨子"南游，使卫，关中载书甚多"，惠施"多方，其书五车"。他们"上说下教"，也使得学术文化下移，教育开始面向社会。一些人凭着自己的知识，成为传授知识的老师，于是私学大兴。从此不但贵族子弟可以学文化，就是庶人子弟也可以学文化。这些人都转化为了士。所以战国时期的士，人数最多，品类最杂，上至将相，下至鸡鸣狗盗之徒。

李悝、吴起、商鞅等人就属于为将为相的士。他们在政治上有所建树，成了中国历史上的杰出人物。

战国初期的重大事件

开启战国时代七国争雄局面的第一件重大事件，就是三家分晋。

晋国，原是周武王的儿子、周成王的弟弟唐叔虞的始封国。这样说来，晋是周的同姓诸侯国。"春秋五霸"中有一霸即晋文公，称霸的时间最长，影响也大。史书往往将他与齐桓公相提并论。孟子就常把两人并称为齐桓晋文，简称为"桓文"。晋文公名重耳，由于晋国发生内乱，在外流亡十九年，历尽艰辛。后来他回到晋国执政，已是六十二岁的老人了。晋文公目睹国内弊政，又深知民间疾苦，所以成为晋国主君后很有作为。首先，整顿和稳定了国内社会秩序。这是有深刻历史教训的，故放在首位。其次，进一步改革内政，训练军队，扩大军队规模，建立上、中、下三军。委任狐偃、赵衰、先轸等有才能的功臣担任国家军政要职。通过这些措施，晋国出现了一派和平安定的景象，国家的实力也进一步得到提升，终于成就了霸业。晋文公死后，晋襄公继位，还能够保持晋国的霸业，但已出现衰落迹象。当年跟晋文公重耳流亡的一些老臣，功劳大，地位也高，势力越来越大，使晋国出现了卿大夫渐强、公室日弱的局面。晋悼公时有过短暂的"中兴"，也只是表面现象。自此以后的国君一代比一代弱。

春秋末年，晋国国内的形势恶化。据《左传》记载，晋国军备废弛，作战的马已不驾兵车，诸公卿中已无领军打仗之人。国内的阶级矛盾也尖锐起来，就连国都也"盗贼公行"，可见社会秩序十分混乱。就像晋国大臣叔向所说的，"庶民罢敝，而宫室滋侈；道殣相望，而女富溢尤"。人民贫困饥饿，饿死的人极多，以致道上死人覆死人，直如一幅人间地狱图。而统治者却骄奢淫逸，歌舞升平，两者形成鲜明的对比。在这样的形势下，老百姓根本不愿为"公家"做事，听到"公家"有什么差遣，就像遇到寇仇一般，避之唯恐不及。这便是《左传》上所说的"民闻公命，如逃寇仇"。

晋国公室的地位下降，而卿大夫的势力却在膨胀。春秋末年，出现了知氏、范氏、中行氏、韩氏、赵氏、魏氏六家，号为"六卿"。这六家完全控制了晋国的军政大权，这便是历史上所称的"六卿专政"。晋国的六卿是新兴势力，他们丝毫不把晋君放在眼里，分割了晋国的土地和人民。六卿与晋国公室及旧贵族进行了激烈的斗争，同时六卿之间也互相争斗。范氏和中行氏首先被消灭，退出历史舞台。

公元前458年，知氏、韩氏、赵氏、魏氏四家联合起来分占了原先属于范氏、中行氏的土地，六卿专权变成了四卿专权。四家中以知氏（知伯瑶，"伯"是爵位，为五等爵中的第三等。另三家是"子"爵，属第四等）力量最为强大，其后依次为赵氏（赵襄子）、魏氏（魏恒子驹）和韩氏（韩康子虎）。知伯势力最大，野心也最大。他一直想独吞晋国，故设法削弱其余三家。他假借晋侯之命，准备出兵伐越，说是为了恢复晋国的霸主地位，要每家拿出一百里的土地和户口归还"公家"。韩、魏力量较弱，不敢不从命，只有赵氏抗命不从。赵襄子说："土地是先人传下来的产业，我不能拿来随便送人，那样对不起列祖列宗。"于是，知伯联合韩、魏两家共同对付赵氏。三家还约定，打败赵氏后，平分赵氏的土地和户口。

公元前455年，知伯率领联军攻赵。知伯自己领中军，韩的军队担任右路军，魏的军队担任左路军。赵襄子自度力量不足以抵抗三家联军，遂退守晋阳（今山西太原）。晋阳是赵氏经营多年的据点，施行较为开明的政策，深得人心。三家联军进逼晋阳城下，激起城内人民同仇敌忾，双方相持了两年。公元前453年，知伯想出一条计策，决晋河之水淹没晋阳城。形势危急，赵襄子手下有一个叫张孟谈的家臣献上一计，建议利用知伯与韩、魏的矛盾，分化瓦解敌人的阵线。张孟谈偷偷出城，到韩、魏两家游说。张孟谈说："唇亡齿寒的道理，想必你们都明白。要是赵灭亡了，就该轮到你们了。"他的一番话深深打动了韩康子和魏恒子，他们都知道知伯的用心，这次出兵本来就是不得已的事。最后，赵与韩、魏约定：打败知伯后将归还韩、魏之前所交出去的土地，并将知伯的土地和户口三家平分。于是，韩、魏、赵三家反而结成了同盟，共同对付知氏。韩、魏的反戈一击，使局面完全颠倒过来，知伯成了最终的失败者。韩、魏、赵取得胜利后，形成鼎足之势，而晋君虽在名义上仍是晋国之主，却没有力量与他们抗衡，成为傀儡，只保留了绛州、曲沃两座城池，政令也不出此两城。原来的君臣关系完全颠倒过来，三家虽然没有诸侯之名，却有诸侯之实。历史上称此事件为"三家分晋"。

又过了五十年，即公元前403年，韩、魏、赵三家同时派人去洛阳，名义上是朝见周天子威烈王，实际上是要周天子正式册封他们为诸侯。而此时的周天子也只是名义上的"天下共主"，见三家分晋已成事实，便顺水推舟，正式册封三家为诸侯。公元前376年，三家联合起来废除晋君。自此，晋国在历史上消失，取而代之的是韩、魏、赵三国。历史进入了一个新的时代，即战国时代。

战国初期第二件重大事件为田氏代齐。

齐国是西周初年分封给大功臣太师望的封国，姜姓，为周的异姓诸侯国。战国初为妫姓之后的田氏所取代。国号没有变，仍然称齐，但国君已换了主人。历史上称此事件为"田氏代齐"。

田氏是如何在齐国立足，并最终夺取政权的？这要从春秋初年说起。当时陈国发生内乱，陈厉公的侄子陈林杀死厉公，自立为国君，是为陈庄公。其后，庄公的弟弟又杀了太子御寇，自己当了国君，是为宣公。陈厉公的儿子名完，为大夫。他与太子御寇关系密切，怕受到牵连，于是逃奔齐国。齐国的国君是齐桓公，要立陈完为卿。陈完推辞不就，说："我是有难外逃的人，大王能收留我，已是天大的恩德了，岂能再就高位？"桓公就让他当了齐的工正（管理工匠的官）。这是陈氏立足于齐国的开始。陈氏即田氏，古代"陈""田"同音（一说陈完的食邑在田这个地方，由是改姓为田。又有一说为陈完奔齐，不想再称故国之号，故改陈字为田字），陈完即田完。田完死后，谥"敬仲"。至田敬仲的五世孙田桓子，田氏势力开始强大。田桓子的儿子田厘（xī）子乞，事齐景公，为大夫。这时已是春秋后期，新兴的地主势力在齐国渐渐强大，开始了与旧势力夺取权力的斗争。田氏为了广泛争取民众，采取了一些收买民心的措施。比如，田氏采用大斗出、小斗进的手段笼络人心，由是宗族益强，老百姓也乐意归之。这种做法引起了有识之士的警觉，大臣晏婴曾经提醒齐景公要注意田氏的动向。景公不听，反而打发晏子出使晋国。晏子与晋国的叔向谈起此事，不无忧虑地说："看来齐国的政权迟早要归于田氏了。"

田乞死后，其儿子田成子常立。当时是齐简公执政，任田常与监止为左右相。简公更信任监止，而监止与田常不和。田常为了与旧贵族斗争，学其父亲的措施，大斗出，小斗进，以获取人民的好感。齐人编了一首歌，到处传唱，歌词有"妪乎采芑，归乎田成子"之词，意思是说连老妇采来的芑菜都归于田成子，意味着齐国的政权也将归入田氏之手。在一次内部政变中，田常杀了简公，立简公弟骜为齐君，是为齐平公。平公用田常为相，田常独揽齐国大权。为了防止别的诸侯国反对，田常对外结好各诸侯国：主动退还以前侵占鲁、卫的部分土地，西与晋、韩、魏、赵修好，南与吴、越通使。对内加强控制的同时，修功行赏，亲于百姓；彻底除掉齐国旧贵族鲍、景、监止三家及公族之强者；割安平以东至琅琊一带为自己的封邑，面积大大超过平公的食邑。至此，齐国的政权完全控制在田氏手里了。

田常死后，其儿子田襄子盘立，继续为相。齐宣公三年（前453），韩、魏、赵三家灭知伯。这一事件给了田襄子极大的启发，欲效法三家的做法。田襄子把自己的亲信子弟派往齐国各地的都邑去做大夫，以便全面控制齐国的地方政权。对外继续走结好邻近大国的政策，为将来代齐做好铺垫。

田襄子死后由田庄子继位。田庄子死，由子和继位，即田太公。经田氏父祖几代人的努力，取代齐君已是水到渠成的事了。齐康公十四年（前391），田太公将康公放逐到海上，自己取而代之，做了齐国的国君。田氏几代人的梦想终于实现。

田和又托魏文侯出面，请求周天子依照当初封韩、魏、赵三家为诸侯的例子封自己为诸侯。这时周威烈王已死，周安王在位。周安王同意了魏文侯的请求，于周安王十六年（前386），正式册封田和为诸侯，田氏取得齐国的政权合法化了。

三家分晋和田氏代齐，从表面上看好像是统治阶级内部争权夺利的斗争，实际上是春秋战国时期新兴势力与旧势力斗争的缩影。同时也说明这一时期社会制度发生了激烈变动。

战国初期各国的形势

战国时期，中国境内大大小小的国家仍有不少，但国势强盛、可以争雄的，只有秦、楚、齐、魏、赵、韩、燕七个大国，这就是历史上的"战国七雄"。

魏国。魏国是从晋国分离出来的国家，东与齐和宋相邻，南有鸿沟与楚国为邻，西及黄河西岸与秦为邻，西南与韩为邻，北部与赵国为邻。辖有现今陕西省韩城以南的黄河沿岸，渭河以南的华阴一带；今山西省的西南部及东南部；河南北部以及黄河以南的地区；东北部辖今河北、山东一部分。魏国的领土东西狭长，主要地区是原来晋国的中部和西南部平原地区。这一带土地肥沃，人口众多，对魏国社会经济的发展十分有利，也为魏国的强盛提供了保障。

公元前445年，魏文侯即位。魏文侯名斯，是魏桓子的儿子（这里据《世本》的说法。《史记·魏世家》则说魏文侯是魏桓子的孙子，名都）。魏文侯是一个怀有雄心壮志的人。他即位以后，为实现富国强兵，决心励精图治，改革图强。鉴于晋国的教训，他首先改变公室卑微、政在家门的局面。他在位的五十多年里进行了一系列的改革并获得了成功。改革的成功与魏文侯任人唯贤分不开，他先后用魏成子、翟璜、李悝为相；以孔子的学生卜夏为师；又优礼田子方、段干木等社会名流。著名的军事家吴起从鲁奔魏受到重用，善于兴修水利为民除害的西门豹等也都受到魏文侯的重用。战国招贤养士的风气，可以说是从魏文侯开始的。魏文侯的招贤纳士使得当时的魏国聚集了一批能人贤士，正是依靠这批人，魏文侯在全国范围内进行了政治、经济、军事等各方面的改革。

魏文侯任用李悝进行变法，在政治上，实行"食有劳而禄有功"的原则。《说苑·政理》记载了魏文侯与李悝关于"为国如何"的谈话。魏文侯问如何治理国家，李悝明确指出，要实行"食有劳而禄有功"的办法，同时还要"夺淫民之禄，以来四方之士"。具体说，就是要废除西周以来旧的世卿世禄制，改为按功劳大小和对国家贡献的多寡，分别授予不同的爵位和官职。对于那些没有丝毫功劳，仅靠祖上爵禄享受特权的"淫民"，要取消他们的特权俸禄，也就是要剥夺旧贵族世代享有的政治和经济上的特权。李悝指出，这些旧贵族只不过是躺在父祖的功劳簿上的无功受禄的寄生虫，凭借着特权，出则乘车马、穿袭衣，入则修竽瑟、听钟石之声，过着骄奢淫逸的生活。李悝的"变法"即要把他们的职权俸禄空出来用于招募四方之士，通过"食有劳而禄有功"使天下贤能之士为己所用。这样一来既打击了旧贵族的势力，又为国家招来了贤能之士，可谓一举两得。

魏文侯"食有劳而禄有功"的实施，从根本上改变了国家机关中卿大夫世代把持国家权力的现象。国家政权机关中的各级官吏，都是根据他们的功劳和才能定夺的，任命权在国君手中。这样国家的军政大权便最终集中于国君一人手中。西周以来分封制国家政体之下各级官吏的终身制、世袭制被打破。中国历史上一种新型的国家政体，即中央集权制的国家政体，首先在魏国得到了初步的确立。

在经济方面，李悝提出了"尽地力之教"和"平杂法"，目的是促进生产的发展，增加财政收入，以稳定物价和安定人民生活，从而使国富民强，巩固国家政权。

什么是"尽地力之教"？《汉书·食货志》有具体的记载：李悝为魏文侯作尽地力之教，以为地方百里，提封九万顷，除山泽邑居三分去一，为田六百万亩。治田勤谨，则亩益三升；不勤则损亦如之。地方百里之增减，辄为粟百八十万石矣。这说明李悝的尽地力之教，是要充分挖掘土地的潜力，破除旧有的阡陌疆域，鼓励自由开辟耕地，勤谨耕作。要根据农作物的抗灾害能力的不同而杂种五谷。从耕作技术上讲究深耕，那样的话，每亩可增加三升的产量。不勤则会减产三升。按照这个标准，一进一出，方圆百里土地高产与低产的粟之差别就是一百八十万石，这不是一个小数目。在历史上，由国家部门制定如此具体的政策，然后在全国实施，还是第一次。

"平杂法"的内容，《汉书·食货志》上也有详细记载。主要是说，把收成好的年份定为上、中、下三等，把收成不好的年份也定为上、中、下三等。国家在丰收的年份里按平价购进农民多余的粮食，储藏起来，遇到荒年仍按平价售出。中国历来是以农立国的国家，丰年粮多谷贱，易挫伤农民种地的积极性，国家以平价购粮可以保护农民积极性。荒年谷昂贵，为了保障人民生活，打击不法投机商人囤积居奇，国家仍然以平价卖出粮食，这样就能稳定社会，使国家和士、农、工、商四民的利益都得到兼顾。说到底仍然是为了国家长治久安。

李悝还为魏文侯制定了《法经》。新兴的封建政权有必要用法律的形式固定下来以作进一步巩固。为此，李悝收集整理了春秋末期以来各国的法律条文，结合魏国的具体情况，亲自编定了我国历史上第一部成文法典《法经》。这部法典，后来被商鞅带往秦国，成为秦国实施法制的蓝本，许多内容也为秦汉以后历代统治者所沿用。

魏文侯还任用吴起等人在地方上实行改革。

吴起治理西河郡，他在郡守任上所进行的改革，首先是取信于民。国家的政策法令要推行，必须使人民知道它的权威性和严肃性。一旦公布，人人遵守，不得随意更改。《吕氏春秋·慎小》记载了这样一件事：吴起为了取信于民，一天夜里叫人在南门外树立一根柱子。第二天发通告说："谁能把南门外的柱子推倒，就任命他为长大夫。"此令一出，没有人去试，没有人相信这是真的，因为这事太容易了。一直快到天黑，有一人出来说，他想去试试，大不了没有赏，并没有其他什么损失。他于是推倒了柱子，去见吴起。吴起亲自接见他，真的任命他为长大夫。当夜，吴起又树立柱子，发通告如前。人人争先恐后跑去南门推柱子，但柱子这次埋得很深，无人成功。经过这件事以后，民众相信吴起会赏罚分明，政府的法令不能当作儿戏。吴起这种取信于民的办法，后来也为商鞅所效法。

《韩非子·内储说上》又记载了魏武侯时，吴起在西河的治绩。与秦交界处有一小亭，吴起想拔掉它。他先用前面说过的推柱子的办法，把车辕放在北门外，下令说，如果谁能把这根车辕搬到南门去，就可以得到上田一块上宅一所。开始没有人相信，后来有人去尝试，获得了奖赏。吴起又将一石（dàn，古代量词）菽置于东门外，叫人搬往西门，奖赏如前。这一次，人人争先，大家都知道吴起说到做到，不是闹着玩的。吴起见时机成熟，下令说，明日攻亭，有先登者，任国大夫，赐上田上宅。次日，吴起率人轻而易举地攻占了亭子。吴起的这种举措，实际上是按军功授予普通人官爵、田宅，开启了后世按军功授爵的先例。后来商鞅在秦国变法，也采用了这种办法。

此外，西门豹治邺，李悝治上郡，也都进行了大刀阔斧的改革，且卓有成效。

改革使魏国在战国七雄中最早地建立起中央集权的封建主义制度，成为战国初期最为强盛的国家。

赵国。战国初年，赵国的疆土东有清河（今河北省清河县西）与齐为邻，南有漳河与魏为界，西以黄河与秦为界，北与燕国以易水为界，西北与匈奴为邻。其主要辖区相当于今山西中部、陕西东北部、河北东南部、山东西部、河南北部，以及内蒙古的南部地区。当晋国一分为韩、魏、赵三国时，赵国最为强大。然而，魏国在魏文侯时期进行了改革，国势渐强。这对赵国既是很大的压力，也是一个可以效法的榜样。

公元前409年，赵献侯死。次年，其儿子赵籍继位，便是赵烈侯。赵烈侯执政之初，并没有想到要改革。后来赵国的番吾君从代这个地方来到都城，对相国公仲连说："我们的国君实际上是一个好善的人，只是不知道怎样治理国家。你身为国相已有四年，有没有向国君推荐过贤能之士？"公仲连回答："没有。"番吾君说："我给你推举牛畜、荀欣、徐越，这三个人很有才能。"于是，公仲连将这三人推荐给了国君。牛畜为赵烈侯讲述"仁义""王道"，赵烈侯听了觉得很新鲜。第二天，荀欣为烈侯讲述"选练举贤""任官使能"的一套道理，烈侯听了，觉得很好。第三天，徐越与国君对话，徐越讲述了"节财俭用""察度功德"这一套东西，烈侯听了很高兴。此后，赵烈侯任命牛畜为师，荀欣为中尉，徐越为内史，又赐相国公仲连衣服两套，作为他举贤的奖赏。

从赵烈侯给牛畜等人所任命的官职看：师是掌管全国教化工作的；中尉负责军事方面，包括选练士卒、训练军官等；内史是负责政务工作的，包括田租的征收及官吏的考核等。这表明赵国也实行"食有劳而禄有功"的原则，做到了"任官使能"，对旧有世袭制度作了改革。后来继位的赵敬侯坚持了这条改革路线，国力开始强盛，国都也由中牟迁往邯郸。赵国前前后后这些改革措施，和魏国及其他国家的改革本质上都是一样的，而且比较起来，赵国的改革力度不算很大。一百多年后，赵武灵王胡服骑射，才算是大的改革，那已是战国中期的事情了。可以说，这是在上述一系列的零散改革基础上的进一步发展。

韩国。三晋中的韩国，在韩、赵、魏三家中领土最小，地处原晋国的南部。西与秦国为邻，北和东北与魏接壤，南面是楚国。其辖区相当于今山西的东南部、河南的中部。韩国最初的国都在平阳（今山西临汾西北），后多次迁移，至公元前375年，韩哀侯灭郑国后迁于郑（今河南新郑）。战国初期，其他各国进行了不同程度的变法，而韩国自韩康子经韩武子以下数代，毫无动静。

到了韩昭侯（前362—前333）时，其他各国大多已进行过不同程度的变法运动，国力强盛，由此不断向外扩张。韩处于四战之地，处境极为艰难。就连当时不算大国的宋国，也敢于向韩挑战，夺取韩国的黄池（今河南封丘西南）。作为大国的强邻魏国，更是多次进攻韩国。鉴于这种形势，韩昭侯不得不考虑变法图强，他用申不害为相，在韩主持变法改革。

申不害，京人（今河南荥阳东南），是与商鞅齐名的大政治家。有关他的生平事迹，我们知道得不多。从司马迁的记载看，申不害出身比较低微，他的思想是"本于黄老，而主刑名"，也曾有著作传世，可惜后来亡佚了。现存《申子》一书，是后人根据别的书中的记载辑录而成的。申不害在韩国的改革，首先从赏罚开始。《韩非子·外储说左上》记载：韩昭侯对申子说："法度很不容易实行。"申子回答说："法者见功而与赏，因能而受官。现在你虽然设立了法度，而没有认真执行，经常对手下人网开一面，所以说很难执行。"昭侯说："我从今以后，知道如何执行法度了，就听你的吧。"

申不害认为，韩国以往在法制上的积弊，就在于有法不依，国君本人也没有带头认真执行"见功而与赏，因能而受官"这一原则。有功即赏，有过必罚；根据才能的大小授予相应的官职，量才录用。只有这样，国家的政治才能清明，才能达到大治。申不害还认为，光有法不够，君主还必须掌握相应的手段技巧，即通常所说的"君人南面之术"。申不害的"术"有以下这几个方面：

第一，国君平时要"无为"。所谓"无为"，并不是无所作为，而是不暴露自己的欲望、智慧和观察能力，使臣下揣摩不到君主的意图，以此来达到"独视""独听""独断"的目的。臣下感到君主神妙莫测，故不敢违背君主的意愿而图谋不轨。很显然，这是主张君主采用阴谋权术的手段以御臣下。

第二，君主任用官吏要使其称职，不许官吏越职办事，这就是所谓的"治不逾官"。让官吏只在自己的职权范围内做事，是为了防止臣下专权，以致结党营私，搞阴谋活动。

第三，君主要定期考核官吏，这叫"循名责实"。君主又要操生杀大权，这样才能使臣下常有敬畏之感，而不会犯上作乱。

第四，君主要采用出其不意的手段，慑服臣下，使臣下认为君主无所不知，又无所不在，这样臣下自然都战战兢兢，恪尽职守，不敢胡作非为了。

韩昭侯、申不害的这套"君人南面术"的产生有着深刻的社会根源和深远的历史意义。在当时的历史条件下，新的中央集权制国家政体建立，摆在君主面前的重大问题是如何防止臣下专权篡国。申不害的这套学说就是为了解决这些问题的。实践表明，这一套关于君主任用、监督、考核、驾驭臣下的办法，达到了集国家最高权力于一人的目的。通过这番改革，韩国摆脱了外遭强敌入侵、内部法制混乱的局面，达到了富国强兵的效果。历史上记载："申不害相韩，修术行道，国内以治，诸侯不来侵伐。"（《史记·韩世家》）汉代王充的《论衡·效力》也说："韩用申不害，行其三符，兵不侵境，盖十五年。"但我们也要看到，韩昭侯、申不害的改革，用术有余，定法不足，没有统一的法律和宪令。一味强调用"术"来处理政事，毕竟有其局限性，而用"术"又在很大程度上取决于个人的能力。因此，韩昭侯一死，韩国便陷入了混乱的局面。在"晋三家"中，国力也始终不及魏国和赵国。

楚国。楚是南方大国，东到大海；南有苍梧，与百越为邻；西至巴、黔与秦为邻；北达中原，与韩、魏、宋诸国相接。其辖区相当于现在的湖南、湖北、江西、安徽、江苏、浙江等地，势力曾先后达四川、云贵、两广、中原部分地区。楚是战国七雄中土地最广、兵员众多的国家。长期以来，中原各国看不起楚国，称之为"荆蛮"，而楚也以蛮夷自居。楚国社会的发展，在某些方面确实不如中原国家。但是，楚国幅员辽阔，物产丰富，这也是其他各国无法比的。

楚虽是大国，国力雄厚，但春秋中期以后，内乱不断。内部的争斗，使国家的元气大伤。公元前402年，楚声王被杀。次年，楚悼王熊章继位。这时，魏国经过魏文侯的改革，赵国经过赵烈侯的改革，国势都很强大。楚在和"三晋"的战争中占据下风，公元前400年，韩、赵、魏伐楚，楚失败。公元前399年，楚被迫归还榆关与郑国。公元前391年，魏、赵、韩三国伐楚，大败楚军于大梁、榆关。在这种内忧外患的形势下，楚悼王决心变法图强。他下令求贤，招揽人才。正当此时，魏国的吴起被政敌排挤打击，投奔楚国。

楚悼王早就听说吴起是个有才干的人，立即任命他为苑守（苑为南阳郡郡治，在今河南南阳地区）。该地区经济发达，是楚国与中原各国贸易的重要门户。从军事上说，其是楚的北部边防要地，与当年魏国的西河一样重要。吴起在苑守任上干了一年，成绩卓著。于是，就在第二年，悼王任命吴起为楚国的令尹。楚国的令尹，相当于中原国家的相国，是直接辅助国君统领大臣处理国家大事的。

吴起就任令尹后，便决心在楚国进行一番大的改革。吴起认为，楚国的问题关键是"大臣太重，封君（指世袭贵族）太众"。大臣重则权力下移，王权不振；封君多则权力分散，国家的税收相应减少。因此，楚国虽是战国初年七国中最大的国家，却内外交困。要扭转局面，就必须从这个问题入手，削减大臣的权力和封君的数量，把政治、经济、军事权力集中到国君手中。公元前391年前后，吴起主持的变法改革开始了。变法的内容有以下几个方面：

第一，加强国王权力，压抑贵族。凡是已经传了三代的封君，一概取消爵禄，子孙不再继承。同时，"废公族疏远者"，除掉他们的公族资格，不让他们继续享受特权。这还不算，把其余的大贵族迁徙到僻远的地方去，而他们原来的封地自然就被国家收回了。《吕氏春秋·贵卒》记载了这样一件事：吴起曾对楚悼王说："楚国所多余的是土地，不足的是人民。现在君王想要用少的劳动力发展耕地，我是没有办法的。"于是，悼王下令将贵族"往实广虚之地"。这些旧贵族被迁到了广阔而又无人的地方，叫苦不迭，又无可奈何。

第二，整顿政治机构，仿照李悝"夺淫民之禄，以来四方之士"的办法，"绝灭（减）百吏之禄秩，损不急之枝官，以俸选练之士"。这样也就更新了楚国的官吏队伍，将无能无用和不必要的官员一律裁减，把省下来的俸禄，作为选练军队的经费。

第三，整顿吏治，"塞私门之请"。严禁官员因自己的私欲损害国家的公利，不准私门请托，互相勾结。这就使旧贵族对国家的干预受到了限制。

第四，在军事上，提出了"厉甲兵以时争于天下"。就是要建立一支强大的军队用于争夺天下。要保障富国强兵，就必须抓紧耕战。吴起还规定，"禁游客之民，精耕战之士"，不允许脱离生产和战阵的游民说客活动，而精于耕战之士则受到国家的奖励。游客之民实指纵横家们，这些人为了自己的荣华富贵，一会儿跑到甲国，一会儿跑到乙国，徒逞口舌之利。他们的"谋略"不过是一时的权宜之计，不能从根本上达到富国强兵的目的，所以要禁绝。

吴起的变法活动遇到了很大的阻力，阻力来自原来的旧贵族旧官吏。这部分既得利益持有者，不甘心自己的利益受损，时时非议和破坏新法。对此，吴起也做了坚决的斗争。他认为，既然要变法易俗，就要"言不取苟合，行不取苟容"，同旧制度旧传统斗争到底，绝不妥协。由于吴起有这样大的决心和勇气，也有楚悼王的支持，变法很快就收到了成效。《史记·吴起列传》说"南平百越，北并陈、蔡，却三晋，西伐秦，诸侯患楚之强"，可见变法达到了富国强兵的目的，尤其是在军事上一扫变法前的颓势，连克强敌魏、秦诸国，使诸侯列强刮目相看。

　　可惜的是，公元前381年，楚悼王病死。在为楚悼王治丧的那天，楚国旧贵族乘机作乱，围攻吴起。不得已，吴起跑进灵堂，伏在悼王尸体上。旧贵族不顾楚国"丽兵于王尸者，尽加重罪，逮三族"的国法，用乱箭射杀吴起，使得楚悼王的尸体上也布满了箭。旧贵族仍不解恨，又车裂了吴起。后来，太子继位，根据楚国的法律，将这些旧贵族七十余家满门抄斩。旧贵族的势力虽然受到了打击，但吴起的变法运动也受到了挫折，无法继续下去，实际上是失败了。这就是后来楚国积弱不振、国势日衰的根源。

　　齐国。齐是东方大国，战国初年其疆土东濒大海；南有泰山与鲁、宋为邻；西有清河（今河北清河西）与赵为邻；

北有渤海与燕为邻。其辖区相当于现在山东省偏北的大部分地区及今河北省的东南部地区。公元前 481 年，田成子专权，史称"田氏代齐"。公元前 386 年，田和被周天子正式册封为诸侯。公元前 356 年，齐威王即位为齐侯。虽说田氏正式当诸侯已有三十年，但国内的形势仍不乐观。田氏政权在国内的重要任务是采取一系列措施铲除旧贵族吕氏的势力，巩固田氏家族在齐国的统治地位。在外部，田氏虽被周天子册封为诸侯并为列国诸侯所承认，但由于国势微弱，仍然被别的诸侯国轻视。据《史记·田敬仲完世家》记载，各国相继侵伐齐。威王元年，三晋伐齐，攻占灵丘（今山西灵丘）。六年，鲁伐齐，入阳关（今山东泰安南）。七年，卫伐齐，取薛陵（今山东藤县南）。九年，赵伐齐，取甄（今山东鄄城）。从上面这些战争可以看出，不但强敌入侵，就连力量不大的小国也敢于向齐挑战，说明齐国的内政外交出了问题。正是在这种内忧外患的历史条件下，齐威王醒悟过来，决心在齐国实行社会改革。

齐威王用邹忌为相进行改革。历史上有一个著名的故事，叫"邹忌鼓琴谏威王"，见于司马迁的《史记》。

邹忌原是齐国的稷下先生，是当时的有识之士。他见齐国的现状叫人忧虑，于是想了一个办法。他听说威王喜欢听琴，便带着琴，声称去给威王演奏。威王正在室内弹琴，邹忌径直走了进去，高声说"好"。威王极为不高兴，说道："夫子（指邹忌）并未听我弹完一曲，何以知道我弹得好不好？"邹忌便说出一番道理来，他说："你用大弦弹奏出来的声音浊，犹如春天般温暖，象征着国君宽大而温和；用小弦弹奏出来的声音清，象征着国相清廉而不乱。琴一会儿弹得急，一会儿弹得缓，犹如实施政令有急有缓。琴音和谐，大小相宜，回转而不乱，就像春、夏、秋、冬四时运转而有序。所以我说你的琴弹奏得很好。"

听了邹忌的这番话，威王的脸色才缓和下来。邹忌又说，不仅鼓琴有琴理，治理国家和人民的道理其实也在琴理之中。威王又不高兴了，指责说，鼓琴就是鼓琴，为什么又拉扯到琴理上去了？邹忌正色告诫威王，又将道理解说了一番，指出"琴音调而天下治"。齐威王这才明白，站起来说："原来先生是拿着琴来劝告我的。"于是，君臣二人就国家大事探讨起来。邹忌认为要治理好国家，安定人民，关键在于君相的治理、政令的掌握和四时的处理调和。齐威王见邹忌的确是个人才，三个月后便任命他为相了。

齐威王除了任邹忌为相外，还任用了稷下先生淳于髡、军事家孙膑等人。这样，齐国的改革拉开了序幕。齐国的改革主要是从下面几个方面进行的。

第一，广开言路，提倡进谏。邹忌规劝威王气度要大，要让臣民敢于讲真话。邹忌讲了一个有关自己的故事。邹忌身高八尺，长得相貌堂堂，有美男子之称。一天，他问妻子："我和城北的徐公相比，谁更漂亮？"妻子回答说："你比徐公更漂亮些。"邹忌将信将疑，又去问他的小妾，小妾也说他漂亮。次日，有客来访。邹忌又问来客这个问题，来客也说邹忌要比徐公美。后来徐公上门来访，邹忌仔细一看，觉得自己不如徐公美。那么，前面的三个人为什么要说他美呢？邹忌想了一下，知道问题的答案了。原来妻子说他美是偏爱他；小妾说他美是怕他；朋友说他美是有求于他。他由此告诫威王不能偏听偏信。威王采纳了这个建议，下令：有能当面提出批评意见的，奖上等赏；有书面提出建议的，奖中等赏；在街头巷尾批评议论的，只要传到国君耳朵里，奖下等赏。此令一下，提批评建议的人，争先恐后，门庭若市，几个月后才慢慢少了。

第二，整顿吏治，赏罚分明。当时齐国有两个地方官，一个是即墨（今山东平度东南）大夫，另一个是阿（今山东阳谷东北）大夫。即墨大夫为人正直，虽然治理地方很有成绩，但不肯贿赂威王左右的近臣。这些人常在威王面前说他坏话。阿大夫把地方搞得极糟糕，却能送礼给威王身边的人，他们便常说他的好话。后来，威王派人去实地调查，发现事情完全不是这回事。于是，他召集两人到朝，对即墨大夫说：自从你到即墨上任以后，每天都有人说你的坏话，但我派人去看了以后，发现那里的荒地都已开辟，老百姓安居乐业，没有滞留的公事，整个东方安宁无事。以前有人说你不好，是因为你没有送礼结交我身边的人，他们没有为你说好话。威王当即奖励即墨大夫封邑万家。又对阿大夫说：自从命你守阿以后，每天都有人说你好，但我派使者去看了，却发现田地荒芜，老百姓贫苦不堪。过去，赵国攻打甄城，你没有去援救。卫国攻取薛陵，你竟然不知道。有人说你好，是因为你用重礼贿赂我身边的人求得了好的声誉。他当即将阿大夫连同身边说谎话的近臣处以烹刑。齐威王赏罚分明，使齐国上下受到极大震动。从此，人人不敢再掩饰过错，说话诚实，做事勤恳，齐国达到了大治。

第三，进行军事上的改革。齐威王重用"刑余之人"孙膑为军师，先后于桂陵、马陵大败魏师。

孙膑，原是齐国人，系春秋末年大军事家孙武的后代。他曾与庞涓一同学习兵法，庞涓不如他。庞涓为魏将，妒忌孙膑的才能，把他骗到魏国，用"膑"刑断其两足，所以后来别人才称他为孙膑，可知孙膑并不是他本来的名字。后来孙膑逃回齐国，经田忌推荐当上军师。

齐威王二十六年（对此年代有不同说法，这里根据《史记》的说法），魏惠王起兵攻赵，围困了邯郸（今河北邯郸）。邯郸是赵国的国都，形势很危急，赵向齐求救。威王召集谋臣商议，最后决定以田忌为将、孙膑为军师援救赵国。孙膑认为不宜直接起兵去救，而应出兵围攻魏国的襄陵（今河南睢县）。魏国的军队得到襄陵危急的消息，赶忙撤军回救，在桂陵（今山东菏泽境内）中了齐军的埋伏，全军覆没，连主帅也被俘了。这就是"围魏救赵"的典故。

桂陵一战，魏军虽大败，但元气未大伤。真正使魏国一蹶不振的是马陵之战。起因是魏攻韩，韩向齐求救。这一次齐军用的是"增兵减灶"之计，即第一天，军队有十万灶，第二日减为五万灶，第三日减为三万灶。魏军主帅见了，以为齐军胆小，天天有人逃跑，于是不把齐军看在眼里，放心追来。结果在马陵（今河北大名东南）遭到伏击，全军覆没，魏军主帅自杀。

这两次战役，不但扭转了齐威王即位之初屡遭强敌入侵的局面，而且使诸侯列强对齐国产生了畏惧感。史称"诸侯震惊，皆还齐侵地，威行三十六年"。这两次战役也作为中国军事上的经典战例永载史册。

齐威王、邹忌的改革，通过整顿吏治，使得官员不敢弄虚作假，人人务尽其诚；虚心纳谏，招来了不少贤士；赏罚分明，使得齐国在对外战争中，一扫过去的颓势，成为强国。

燕国。燕国是周初的封国，为周的同姓诸侯国，始封者是召公奭的儿子。春秋时期，燕与中原各国极少交往。战国初年，其疆域东有朝鲜、辽东，北有林胡、楼烦，西有云中（今内蒙古托克托旗东北）、九原（今内蒙古包头西），与中山国、赵国接壤；南有滹沱、易水，与齐国为邻。其辖区相当于现在河北北部、辽宁的西南部及内蒙古一带。国都蓟（今北京市西南）。因其地理位置偏僻，势力也不强，与中原诸国交往少，中原各国也不进犯它。

公元前 361 年，燕文公即位。燕文公执政期间（前 361~ 前 333），苏秦来燕国进行游说活动。他以合纵之说说燕文公，文公"与车马、金帛"，叫他出使赵国。苏秦到赵，赵肃侯也重用之，使之为六国的纵长，对付秦国。从此，燕国与中原各国交往频繁起来，与秦、楚、齐、韩、魏、赵逐鹿中原，成为战国七雄之一。燕国的改革发生在燕文公孙子燕王哙（前 320 ~ 前 314）时期。改革并未完成，就发生了燕王哙让国、燕国内乱的悲剧。这是战国中期的事，这里不多作叙述。

综观战国时期各国的变法运动，就其改革的范围、规模和深度而言，足可比拟魏文侯改革、秦国商鞅变法，在中国历史上有着积极和深远的意义。

秦国的历史和现状

秦人历史绵长，但秦国建国的历史与中原诸国相比却短得多。公元前 770 年，周平王迁都洛邑（历史上叫"平王东迁"），开启了春秋时代。秦襄公因护送周平王有功，被周天子正式册封为诸侯。从此，秦便活跃在春秋、战国的历史舞台上，从原先的僻远小国，逐步变为强盛的大国。最后，秦始皇兼并各诸侯国，建立了中国历史上第一个统一的、中央集权的封建制国家。

秦建国前的历史

秦人从远古至春秋初建国以前的这一段漫长历史，由于没有留下文字资料，现在所能看到的也只是后人文献中的一些记录，且零星不成系统。在这些简略的记载中，史实与神话传说杂陈，探索不易，我们今日所知实在有限。因而我们在此只从秦建国前的历史说起。

在西周末年的周孝王时代，秦人仍过着游牧生活。他们的首领叫非子，居住在犬丘（今甘肃天水地区）。非子非常善于养马，名声传到了周孝王的耳朵里。因对外战争的需要，周孝王对养马业十分重视。于是周孝王把非子召至"汗渭之间"（今陕西扶风和眉县一带），专门负责为周王室养马。由于非子尽心尽力，对马匹养殖有方，马匹繁殖很快。周孝王很赏识非子，把秦地封给了他，作为周的"附庸"。非子便在秦地建筑城邑。从此，秦人定居下来，有了正式的名称"秦"。可见，秦本来是一个地方的名称。据林剑鸣的《秦史稿》考证，秦这个地方，在今天的甘肃省清水县的秦亭附近。周孝王又让非子继承了舜时赐给其祖先伯翳的嬴姓。

周孝王死后，继位的是周夷王。由于四周的戎狄、淮夷等少数民族交相侵扰，周王朝陷入了与这些少数民族的长期战争中。连年的征战耗费了国力，同时加重了人民的负担，从而使国内各种矛盾也进一步激化。周夷王死后，继位的是周厉王。周厉王是中国历史上有名的暴君。人民在他的统治下简直是活不下去了，民怨沸腾。在厉王看来这就是诽谤天子。为了把这些谤言压制下去，周厉王派人监视民众，并且下令说，以后再有人诽谤周天子，就要被杀头。在周厉王的这种高压手段下，人民不敢讲话，在路上遇到熟人也不敢打招呼，只好用眼睛互相示意一下，这就是史书记载的"道路以目"。厉王见这种手段很有效果，很是得意，对召公说："看见了吧？我有办法消除谤言。"召公是个有识之士，他担忧这样下去会出大问题。他进谏周厉王说："防民之口，甚于防川。"他打比方说，当大河河水泛滥时，如果用堵塞的办法，是解决不了问题的，一旦河水冲垮堤坝，后果将极其严重。善于治水的人则采用合理疏导的办法，解决水患。现在把人民的嘴巴堵住，不让他们讲话，这比堵塞堤坝还要严重。可惜周厉王听不进召公的话。三年以后，周发生"国人暴动"，把周厉王赶下了台。周厉王狼狈出逃到彘地（今山西霍县一带），后来死在了那里。周朝由周公和召公共同执政，号称"共和"。这一年便是共和元年，即公元前841年，自此以后我国历史有了确切年代的纪年。共和十四年（前829），厉王死。周公、召公推举厉王的儿子静继承王位，这就是周宣王。

周宣王即位后，吸取了他父亲厉王的教训，在周、召二公的辅助下，很有作为。他一方面努力恢复周文王、周武王的传统；另一方面革除厉王时代的弊政，缓和国内的各种矛盾，使周王朝在政治上气象一新，史称"宣王中兴"。周宣王为了解除西北和南方一些少数民族的威胁，进行了一系列的反击战争。公元前827年，宣王任命召穆公为相、秦仲为大夫，发动了对戎人的战争。秦仲是非子的曾孙，很努力地为周王朝出力。但这场战争没有获得胜利，秦仲兵败被杀。

秦仲死后，周宣王又召秦仲的大儿子庄公为将，给他七千人马，叫他率领昆弟等四人继续伐戎。这一次，庄公获得胜利，夺回了被西戎占领的犬丘。从此以后，秦开始强大起来。秦庄公由于伐戎有大功，被宣王封为"西垂大夫"。秦庄公父子继续征战西戎，秦庄公的大儿子世父发誓说："戎人杀了我的祖父，我非要杀了戎王报仇。不成功绝不回来。"他宁愿将继位的机会让给他的弟弟襄公，自己率领军队与戎人作战。

公元前777年，秦襄公继位。《史记·秦本纪》说襄公将自己的妹妹缪嬴嫁给了丰王为妻。周朝的周宣王后是周幽王，并无丰王，因而历史上有版本（如福建的闽本）将《史记》中的"丰王"改为幽王，但无确据。也有人认为此丰王系戎王之号，因其荐居歧丰，故而称丰王。如果真是这样，那就是历史上的"和亲"。和亲是一种策略，是为了积蓄力量，以便做最后的反击。这就完全可以理解襄公的这种举动了。

当秦开始强大时，周王室的力量却日益衰落。周宣王之后的周幽王不是一个好的君王。幽王立国十一年，政治上十分腐败，任用的大小官吏贪婪成性，人民生活极其痛苦。最后走向灭亡的导火线就是废嫡立庶，废黜原来的申后和太子，宠信褒姒。公元前771年，申后的父亲申侯联合缯国及犬戎进攻镐京，大兴问罪之师。幽王赶紧点燃烽火台上的烽火向各国诸侯报警。但因他以前曾经做过无事点燃烽火的事，在诸侯国中失去了信用，这次真的出了事，各诸侯国并没有来"勤王"。镐京被攻破后，周幽王狼狈逃至骊山之下，被戎人杀死。

犬戎的军队攻入镐京，到处烧杀掳掠。周朝开国二百多年来积聚的财货宝物，被抢掠一空。昔日繁华的都城沦为废墟。《诗经·黍离》以哀痛凄楚的笔调描写了丰镐劫后的荒凉景象："彼黍离离，彼稷之实。行迈靡靡，中心如噎。知我者，谓我心忧。不知我者，谓我何求。悠悠苍天，此何人哉。"大意是，昔日繁华的镐京，如今却被一眼望不到头的植物所覆盖。我步履沉重地徘徊在这田间的小道上，难言的悲愤堵住了我的心口。了解我的人，知道我为什么忧伤。不了解我的人，还以为我是在为个人的失意而哀愁。悠悠苍天啊，请你回答我，究竟是什么人造成了这一场国破家亡的灾难？

镐京被戎人攻破的消息传到各国后，秦、晋、郑、卫诸国派出兵马前来援救。各路诸侯赶跑了戎人，进入镐京，但见满目疮痍，昔日繁华的镐京已不复存在。各国诸侯又见幽王已死，便与申侯、缯侯商量，把原来的太子宜臼从申国接回来，共同拥立他为天子，这就是周平王。平王即位以后，鉴于镐京残破不堪，周围的戎人势力又强大，决定迁都。公元前 770 年，周平王在秦襄公、晋文侯、郑武公、卫武公等诸侯国军队的护卫下迁都洛邑，即今天的洛阳。此后的周王朝就称为"东周"，历史进入了春秋时代。

周平王东迁的主要依靠力量是秦、晋、郑、卫四国。郑武公的父亲郑桓公是周王朝的司徒，戎人入侵时，与周幽王一道被杀。郑武公为了报父仇，身先士卒，全力杀敌，战功显赫。周平王命他继承父职，继续做周王朝的司徒。卫顷侯在周夷王在位时被封为侯爵。这次卫武公在得知犬戎杀死周幽王的消息后，亲自带兵前往镐京，在与戎人的战斗中立下大功，被周平王封为公爵。秦国与西戎是世仇，秦襄公的祖父秦仲征伐西戎，不幸兵败被杀。襄公的兄长世父在与戎人作战时被俘，关了一年后才放回。秦襄公为了报仇雪恨也全力救周，立下大功。周平王正式册封他为诸侯，并对他说："戎人无道，侵夺我歧、丰之地。如果你能将戎人赶跑，这块地方就赏给你了。"又准许秦与其他诸侯"通聘享之礼"。这样，秦襄公由原来的大夫上升到诸侯，秦也就此建立了国家。

从以上的叙述不难看出：在秦的历史上，由早年非子时代作为"附庸"，到秦仲任"大夫"，是一次大飞跃；由大夫再到秦襄公为"公"，正式列为诸侯，又是一次跨越。诸侯受封以后即成为独立的诸侯国的国君，名义上须向周天子纳贡、朝觐，出兵助征伐外，但一切内政都由诸侯自理。

秦建国后开拓疆土的历史

秦虽然建立了国家，但与其他诸侯国不太相同的是疆土
要靠自己开拓。一般诸侯国受封的时候，往往由周天子赏赐
土地与人民，可以说有现成饭可吃。秦则不然，周平王赏赐
给秦襄公的歧、丰之地仅仅是有名分而已，有点像是空头
支票。因为这一带历史上虽是周人的发祥地，现今却为戎
人、狄人所占领。这里除了几十个戎、狄部落外，还有西周
以来受封的梁、芮等小诸侯国。要想在这里立足，难度可想
而知。

为了夺取歧、丰之地，秦襄公做了大量的军事准备。从
襄公八年（前770）（成为诸侯）起，就开始了征伐戎狄的
战争，但都无功而返，至十二年（前766）才"伐戎而至
歧"，襄公也在这次东征中死去。襄公死后，继位的是秦文
公。文公初年，继续征伐戎、狄，但据史料看来也没有取得
成功，他们居住的仍然是"西垂"故地。

秦文公四年（前762），秦人到达"汗渭之会"，即汗
水和渭水交会之处。这里曾经是他们的祖先非子养马的地
方，自然让他们十分亲切。他们在这里定居下来，建造城
邑，作为向东发展的根据地。文公十六年（前750），秦人

取得了伐戎的胜利，控制歧以西的地区。歧是周人的发祥地，也是关中十分富庶的地方。《史记·秦本纪》说秦"收周余民"，就是说，把没有跟随周平王东迁的"周余民"接收过来。这至少有两个意义：一是这些周余民有先进的农业生产技术，可以为秦所用；二是收编了这些周余民后，秦人口增加，增强了军事力量。有了经济和军事这两个基础，才能最终在这里站稳脚跟。

秦文公后继位的是秦宪公。宪公继续走父祖定下的向东发展的策略，在即位的第二年即公元前714年，将国都由原来的"汗渭之会"迁往平阳（今陕西宝鸡、眉县一带）。此举在秦国的历史上有重要意义，意味着秦向东开拓疆土的进程又进了一步。次年，秦与毫战，"毫王奔戎，遂灭荡社"。据《史记索隐》，"西戎之君号曰毫王"，他们大概是商朝开国之君成汤一支的子孙散在西戎者，他们的城邑叫"荡社"或"汤社"。秦宪公因为继位问题，国内发生内乱，乱定后秦武公上台。秦武公即位的当年（前697），又消灭了戎人中的另一支彭戏氏。有学者考定这一支彭戏氏为西周时的猃狁。猃狁是西周以来周王朝的劲敌，《诗经》中多有反映。丰、毫、彭戏氏，是戎人中的三支，全部在秦的东面。秦人要想往东扩张，首先要消灭这三只拦路虎。从襄公到武公，前后经四世，历八十多年才取得成功，可见创业是何等艰难。

秦武公在向东扩张的同时，又不忘西方。武公十年（前688），秦军"伐邽、冀戎，初县之"，也就是在扩张来的地方设置了县，由中央直接控制。次年，又灭了小虢。这样整个关中地区的渭水流域，即关内周地的大部分地区就为秦所控制了，秦的势力发展到了华山一带。

秦德公是秦武公的弟弟。秦德公元年（前677），他将国都由平阳迁往雍（今陕西凤翔）。雍位于雍水附近，在关中西部的渭北高原上。在古代，这里的地理位置十分重要。它南控进入汉中、四川的通道，西扼通往河西走廊的门户，又地处要冲，地势险要，易守难攻，是秦向东发展的战略要地，据此又可控制西方的戎人。这里河川纵横，土地肥沃，是个极富庶的地方。优越的地理条件使雍城成为一个理想的国都，所以说秦德公在此定都，极有战略眼光。

秦德公后秦国又历秦宣公、秦成公，按照既定方针继续开拓疆土，但是成绩最为显著的是其后的秦穆公。秦穆公名任好，也是德公的儿子，公元前659年被立为秦君，公元前621年死去，在位共三十九年。秦穆公不但是秦国历史上著名的国君，也是春秋时期的风云人物。穆公开地千里，扫荡西戎各部，最终称霸西戎。有些史书上将他列为春秋五霸之一。如果把霸看作诸侯之长或各国诸侯的盟主，秦穆公还不够资格。但就秦穆公扫荡诸戎、称霸西戎的成绩，又以西方大国的姿态东与晋、楚争衡来看，说他是春秋五霸之一，也完全够格。

公元前659年，秦穆公即位第一年，他亲率大军"伐茅津"，取得了胜利，将势力范围推进到黄河一带。茅津之戎分布在今陕西与山西的交界之处，在秦国的东面。秦国要想向外发展，与中原诸侯争雄，先要扫除这些障碍。秦国东面的大国是晋国。秦穆公四年，秦穆公娶晋献公女儿穆姬为夫人，结成秦晋之好。后来的秦穆公手下的贤人百里奚就是晋献公嫁女时陪嫁的奴隶。百里奚本是虞国人，晋国灭虞后当了俘虏。百里奚看到故国被灭，悲愤不已，不愿在晋国做官，晋献公就叫他当了媵臣（家内奴隶），后来随献公女儿陪嫁到秦国。可是他却在去秦国的路上逃到了楚国。秦穆公听说百里奚很有才德，派人用五张羊皮把他赎了回来。百里奚到秦国时已是七十岁的老人，穆公问他富国强兵的办法，他说："我是亡国的人，有什么值得下问的呢?"穆公说："虞国的国君没有用你，以致招来亡国之祸，不是你的责任。"穆公再三虚心下问，与百里奚谈了三日。两人谈话很投机，百里奚提出了不少好的建议。穆公见他确实有治国之才，任命他为五羖大夫，意思是用五张羊皮换来的大夫。秦穆公要把国政委托给他管理，百里奚却推荐了他的好朋友蹇叔。他说："我的才干不及我的朋友蹇叔，蹇叔极贤，但世上知道他的不多。我原先想到齐国去做官，因无门路而在齐国穷困潦倒讨饭求生，是蹇叔收留了我。后来我又想为齐君公孙无知效力，蹇叔阻止了我。他料到无知不会长久，果然使我免于齐祸。我到了周，替王子颓放牛。王子颓作乱时想任用我，蹇叔叫我离开。我听了他的话，又一次免于灾难。我想替虞君效力，蹇叔又劝我不要去。我贪图俸禄官职，还是去了，结果当了俘虏。我两次听了他的话，避免了灾难，一次没有听他的话，就遇灾难，所以我说他是一个很有远见的人。"于是，秦穆公用隆重的礼节请来蹇叔，任他为上大夫，与百里奚共掌秦国国政。

重用蹇叔、百里奚这样的非秦国宗室出身的人，而且还不是本国人士，说明秦国用人的特点与中原诸国有很大的不同。当时各国仍然实行宗法制度，各国执政者，大半任用宗族之人，宗族以外的人，很难得到重用。秦是在西方夷狄中崛起的国家，没有严格的宗法制度，所以同族的人受到重用的不多。相反，秦国宗室以外的人才受到重用的却比比皆是，蹇叔、百里奚只是其中的两个。这也是秦国后来重用客卿的开端。

秦穆公求贤任贤的例子很多。传说穆公时有个善于相马的人，名叫伯乐，专门为穆公管理马匹。一天，秦穆公对伯乐说："你的年龄大了，行走不便，我想请你的儿子给我找一匹千里马。"伯乐说："我儿子相马的本领不高，只能相一般的好马，却不认识最好的马匹。我有个好朋友九方皋，他相马的本领在我之上，还是让他去选马吧。"于是，穆公让九方皋去选千里马。三个月后，九方皋向穆公报告说："千里马找到了，是一匹黄色的公马。"穆公命人把马牵来一看，却是一匹黑色的骒马。穆公很不高兴，对伯乐说："你推荐的那个人连马的颜色、公母都分不清，还相什么千里马呢？"伯乐回答："这正是九方皋相马比我高明千百倍的地方。他观察的总是马的重要部位和奔驰能力，至于马的颜色、雌雄等细小的地方则不太注意。"后来，穆公发现这匹马果然是匹罕见的好马。从这件事中，秦穆公受到了启发：选拔和任用人才与相马的道理是相通的。

秦穆公二十年（前640），秦灭梁、芮两个小国。二十二年，迁陆浑之戎，也就是用武力将此地的戎人赶走，占有这些地方。

紧接着秦穆公准备与势力最强盛的西戎展开决战。穆公用计谋将由余招来做谋士。由余原来是晋国人，后来逃往西戎。由余在戎人中生活了很长时间，对他们的习性很了解。秦穆公曾问他："中国有诗书礼乐这一套东西，以此为法度，治理国家，尚且还出了乱子，戎人没有这一套，不知道他们是如何治理国家的?"由余回答说:"这就是中国为什么会出乱子的原因。上古的时候,圣人制定了礼乐法度,身体力行,也仅仅取得了小治。到了后世,执政者日益骄淫,仅靠法度的威严约束下属,下属则抱怨用法过严缺少仁义。这样上下交争,便有了篡夺君位,以至于灭宗亡国。夷人则不一样,上以淳德对待下属,下怀忠信报效上面。这才是真正的圣人之治。"由余认为戎夷正是因为没有讲诗书礼乐这一套东西,才有了"圣人之治",确实发人深思。这也开了秦国历史上不用儒家诗书礼乐治理国家的先河。

秦穆公三十七年(前 623),秦国采用由余的计谋,突然向西戎发起攻击。由余对西戎的山川形势、内部情况十分熟悉,秦军行动顺利。戎人在没有防备的情况下,失去抵抗了。秦国后来又陆续消灭了戎人所建立的大小国家十二个,开辟土地一千余里。消息传到周天子那里,天子派人赐穆公金鼓以示祝贺。就这样,秦穆公达到了独霸西戎的目的。

秦穆公称霸西戎在秦国历史上有着十分重要的意义,它使黄河以西的广大地区统一于秦政权之下,结束了这一地区长期以来被戎人割据的状态,对于发展生产、恢复经济极为有利。这种局部的统一,也有利于民族的融合。自此,秦由一个边陲小国,成为足以与中原国家抗衡的大国,为战国末年统一中国奠定了基础。

公元前 621 年，秦穆公去世，继位的是秦康公。康公是个好大喜功而又昏庸的人，在位期间，穷兵黩武，使广大人民生活在水深火热之中。现存《诗经》中的《无衣》等篇，据诗《序》讲就是"刺康公"。康公以后的历代国君，大多无所作为。秦国的政治江河日下，春秋末年时，秦的军事力量远远不能与晋、楚两大国抗衡了。进入战国时期，自秦厉公以后，秦国在与别国交手时屡遭败绩。国内矛盾重重，新旧势力之间的斗争相当激烈。这种局面一直到秦献公时才得以改变。

第3章

商鞅入秦

秦献公时期的改革

公元前384年，秦献公即位。秦献公上台以前的秦国内外交困。国内新旧势力之间的斗争十分激烈。秦国的大权掌握在旧贵族的手中，国君的废立由"庶长"做主。公元前428年，秦躁公死，当时的庶长们把出亡在晋国的躁公弟迎回国即位，是为怀公。不到三年，大庶长晁废怀公。公元前424年，大庶长和旧贵族立怀公孙，是为灵公。公元前414年，灵公死，旧贵族们又从晋国迎回灵公的叔父悼子，是为秦简公。公元前400年，简公死，秦惠公立。公元前387年，秦惠公死，继位的国君是惠公的儿子出子，年仅两岁。

出子的母亲当政，与国内顽固守旧的贵族结成利益集团，反对任何形式的改革。国内一部分新兴势力极其不满，《吕氏春秋·当赏》篇记载："群贤不说（悦）自匿，百姓郁怨非上。"这时，流亡在魏国的公子连（灵公的儿子）见时机已到，准备回秦国夺取政权。他先是想从郑所之塞（今陕西华县东）进入秦国，但是被秦国守塞的官吏右主然阻止。右主然说："我作为守卫要塞的官员，要尽到责任，不能放你进来，还是请你离开吧。"不得已，公子连入翟，改从焉氏塞（今宁夏固原东南）进，守塞的庶长菌改将公子连迎入秦国。秦出子的母亲听说后，慌忙派军队去讨伐公子连。前往讨伐的军队因痛恨秦出子母子，反而倒向了公子连这一边。公子连带领倒戈的军队进入秦国都雍。出子母亲见此只好自杀，秦出子也被杀了。公子连即位，便是秦献公。

秦献公即位以后，急于要改变秦国的状况。鉴于以往秦国由大庶长掌握国家大权而常发生内乱的状况，秦献公将大权收归国君手里。在位期间，秦献公针对秦国社会不合理的旧制度做了一番改革，主要有以下几项。

第一，以法令的形式正式废除了杀人殉葬的制度。殉葬的陋习，在秦国有很长的历史。据《史记·秦本纪》说："武公卒，葬雍平阳，初以人从死。"可见殉葬的制度是从武公开始的。武公时，以六十六人殉葬，后来殉葬的人数越来越多。秦穆公死时，殉葬的人数多达一百七十七人。殉葬的人中不仅有奴隶，也有官员，如"秦之良臣子舆氏三人"，这三人是奄息、仲行、铁虎。《诗经·秦风·黄鸟》即表达了秦人对他们三人的怀念和对人殉制度的不满。考古材料也证明了人殉制度的残酷性。20世纪七八十年代，考古工作者在今凤翔区南指挥村附近，钻探出秦公一号大墓。秦公一号大墓中有大量的人殉，充分展现出当时在秦国贵族中盛行的杀殉葬仪的情景。考古人员在主椁室的四周发现了一百六十六具排列有序的人殉棺，棺盖上还有用朱砂书写的文字及编号。人殉中有男有女，随葬品也不同，意义很明显，他们是或以工、以技或以容侍奉墓主人的臣妾奴隶。其中七十二具是箱殉，葬具也比较考究，这些人可能是墓主人生前的近臣、妻妾和工匠。九十四具是匣殉，葬具不甚考究，是用薄板做的棺材，这些人大概是秦公王室的家庭奴隶。人殉的尸骨都蜷曲得特别厉害。此外，在大墓的填土中，还先后发现了二十个男女的屈肢葬，他们很可能是用来祭祀的人牲。秦公一号大墓中陪葬的人殉多达一百八十六个，简直是令人发指。秦献公正式宣布"止从死"，表明废止了这种野蛮残酷的制度，是秦国社会进步的标志之一。

第二，制定了户籍制度。公元前357年，秦献公宣布在秦实行"为户籍相伍"，即采用五家为一伍的户籍编制法。

伍原来是军队的编制，现在用于户籍管理，目的是更好地控制国内人民，又能更方便地实行征兵。过去，秦国的军队掌握在庶长手中，国君往往大权旁落。现在，全国的军队征发由国家管理，兵权自然集中到了国君手里，这就避免了以往大庶长经常废立君主造成内乱的状况。另一方面，原来国野制度下的"野人"，被编入户籍中，取得了自由民的身份，这是以法令形式对阶级关系新变化的确认。

第三，迁国都，推广县制。公元前 383 年，秦献公将国都由雍迁至栎阳（今陕西临潼北）。雍地处关中西部，作为秦国的都城时间长达二百九十四年，历经十九个国君。雍在秦国发展史上有着很重要的地位，但现在由于地理位置不能适应新形势的需要，结束了它的历史使命。栎阳是秦国通往东方的门户之地，不但是战略要地，还是重要的商业中心。迁都栎阳表明了秦国经营东方的决心，以及从军事上夺回被魏侵占的河西之地的企图。公元前 379 年，秦献公将蒲、蓝田、善明氏改建为县。公元前 374 年，秦献公把栎阳改建为县。早在春秋时期，秦国就在边远地区设置县了。《释名》说"县，悬也"，就是"悬"在边地直属于国君的地方行政组织。现在连国都也设置为县这种军政合一的组织，国君便能够直接控制地方政权了，同时也为后来商鞅在全国推广县制打下了基础，在中国历史上有着深远的意义。

第四，允许人民在国都从事商业活动。公元前 378 年，秦国宣布"初行为市"，即允许人民在国都内自由从事商业活动。这就改变了以前在"工商食官"的制度下，官府垄断一切工商业的局面，为秦国的经济发展提供了有利条件。

秦献公的改革取得了很大的成效。一是加强了国君的权威，二是使秦国的国力得到了很大的提升。最显著的成效莫过于扭转了对外军事行动的不利局面，取得了一系列的胜利。秦献公十九年（前 366），秦军在洛阴（今陕西大荔县西南）大败魏与韩两国联军。秦献公二十一年，秦军在石门（今山西运城西南）大败魏军，斩首六万。这一仗使秦国不仅在军事上获得了重大胜利，在政治上也获取了重要资本：身为周天子的周显王，虽说名存实亡，但毕竟还是"天下共主"，居然向秦献公表示祝贺。秦献公二十三年，当魏与韩、赵联军激战时，秦国乘机进攻魏的少梁（今陕西韩城市南），俘虏了魏国大将公叔痤。

秦献公的改革是秦国历史上第一次真正意义上的大改革，取得了很大成效。这只是初步的胜利，因为秦国的问题很多，并不是一朝一夕所能够解决的。但是秦献公的改革为以后秦孝公、商鞅的变法铺设了道路。

商 鞅 入 秦

公元前 362 年，就在伐魏取得胜利后不久，秦献公便死去了。次年，秦献公的儿子渠梁即位，是为秦孝公，时年二十一岁。秦孝公继位后，秦所面临的国内外局势仍很严峻。国内一些旧势力抵制和破坏任何新的改革，秦献公时期已颁布的法令在实际施行过程中大打折扣。如秦献公早在公元前 357 年就已公布了"为户籍相伍"，即在秦实行五家为一伍的户籍编制法，但在商鞅变法时，新法中仍有"令民为什伍……"的条款，说明秦献公时的新法执行不彻底，或者遭到了人为的抵制而未实行，故商鞅要重新颁布这一条法令。

国外的形势对秦也极为不利，秦献公时虽取得了一系列军事胜利，但那只不过是局部的胜利。从全局看，秦的邻国魏国和楚国实力仍强于秦。魏国自魏文侯任用李悝变法以后，国力强盛。魏文侯以吴起为将，夺取秦的西河地区，且在洛水东岸修筑长城，一直以来都是秦的心腹之患。秦南面的楚国，地广人多，物产丰富，也时刻威胁着秦的安全。在政治上，其他诸侯国也不把秦国放在眼里，视其为"戎""狄"之邦，诸侯会盟时往往将秦排除在外。这一切都深深刺痛了年轻的秦孝公的心，他感到这是莫大的耻辱，决心发愤图强，改变秦国的局面。

为此，秦孝公颁布了《求贤令》。《求贤令》中是这样说的："过去我的先人秦穆公，从歧雍之地兴起，内修德政，外行武力。在东面平定了晋国的内乱，以河为界。在西面称霸戎狄，开地千里。周天子给了穆公伯的爵位，为后世开辟了千秋大业，诸侯纷纷前来祝贺，是多么伟大和光荣啊。可是后来的厉公、躁公、简公、出子时代，国内多事，没有时间考虑外事，以致三晋夺我先君创下的河西之地，诸侯也多看不起我们秦国，这是何等的耻辱。献公即位，搞了一些改革，安定了边境以后，迁都栎阳，就是想要东伐，恢复穆公时代的故地，重修穆公的政令。寡人每当想起先君的用意，心里都难过极了。宾客和群臣中有能出奇计使秦国强大起来的，我将给他很高的官职，还将分一部分土地给他。"

秦孝公在求贤令中，先是回顾了秦穆公开拓疆土、称霸西戎的光荣历史。又道及厉公以后秦萎靡不振、国土沦丧、诸侯鄙视的局面。秦献公变法，开了一个好头，使国家有了起色。秦孝公决心沿着秦献公改革的道路继续走下去，因此不惜以高官厚爵、土地作为奖赏，招徕国内外贤明之士。

《求贤令》发出后，在国内外引起了极大的轰动，大家议论纷纷，都想一试身手。消息传到了邻近的魏国，有一个人看到《求贤令》后便兴冲冲地赶往了秦国。这个人就是在历史上以变法著称的商鞅。

商鞅变法前的准备

秦孝公元年（前361），商鞅到了秦国，通过秦孝公的宠臣景监的引见，终于见到了秦孝公。

根据司马迁《史记·商君列传》记载，商鞅初次见到秦孝公时，虽然谈了很多，但秦孝公听得昏昏欲睡，一副根本不想听的样子。秦孝公出来后怒骂引荐商鞅的景监说："你请来的客人真是一个狂妄的人，这样的人怎么可以重用呢?"景监受了斥责很不高兴，责备商鞅谈话谈得不好。商鞅说："我是用'帝道'向秦孝公进言，但孝公的志不在这里。"五天以后，商鞅再次前往见秦孝公，孝公仍不听，责备景监不该找这样一个人来，景监又去责备商鞅。这一次商鞅说他讲的是"王道"学说，这是儒家的学说。商鞅第三次见秦孝公，讲的是"霸道"学说，这是法家的思想学说。这一次，商鞅打动了秦孝公的心，谈话结束后，秦孝公对景监说："你的客人谈得不错，可以与我讨论国家大事了。"这样就又有了第四次会见，商鞅讲得头头是道，秦孝公听得津津有味，不知不觉中膝盖在席上朝前移了不少（**古人坐在席**

上）。两人谈话很投机，连谈了几日都觉得没有谈够。这下景监也很高兴，问商鞅："你究竟讲了什么，使我的国君这样高兴?"商鞅告诉景监，他先是以帝王之道比三代（夏商周），秦孝公认为三代离现在太遥远了，他要的是立即能够派上用场的学术，所以商鞅用"强国之术"打动孝公。从此以后，秦孝公决定任用商鞅治理国家。

秦孝公决定在秦国实行变法，但变法是变更祖宗之法，实在是一件大事，不能草率从事，秦孝公心里还有顾虑，同时国内的一部分旧贵族坚决反对变法。为此，秦孝公召集商鞅和另外两个大臣甘龙、杜挚，公开在朝廷上辩论。秦孝公说："我继承先人当了国君。不忘国家，是国君的为君之道。建立法度、辅助人君治理好国家，是为臣应尽的职责。现在我想要变更法度来治理国家，改革礼制来教导百姓，但是恐怕天下人要批评我啊。"

商鞅听了孝公的话后，立即说："我听古语说，行动迟疑不决的，就不会成功；做事犹豫不定的，就不会有效果。我君赶快下变法的决心，不要顾虑别人的批评。超出常人的行为往往要遭到世人的反对；独具远见的策略，常常会被人嘲笑。俗话说：愚昧的人在事情做成后还看不明白。智慧的人在事情没有发生时就已经预料到了。"商鞅又引用春秋时代郭偃的《法书》说明，道德高尚的人不会附和俗人的意见。历史上成就大功业的人往往有自己独特的见解，用不着与大众商量。他强调法度是爱护人民的，礼制是利于国事的。圣人治国，只要能使国家富强就行，不必拘泥于旧法，只要对广大人民有利，就不必遵守旧的礼制。

秦孝公听了商鞅的一番话，连声说好。

甘龙坐不住了，急忙发表意见。他表明自己的立场，说不能同意刚才商鞅的话，主张"圣人不易民而教，知者不变法而治"，意思是说，圣人以不改革人民的旧礼俗来施行教化；智者以不变更旧法度来治理国家。甘龙认为，如果因袭旧的礼俗去施行教化，不费什么大力气就能取得大的成就。依据旧的法度去治理国家，上下都很熟悉，人民也能相安无事。如果反过来，要变更原来的制度、原来的礼俗来教化人民，恐怕天下人都不习惯，他们会批评我君，希望您再慎重考虑考虑吧。

商鞅反驳道："你所说的都是些俗人的见解，实在不够高明。世上平常的人大多安于旧习，学者总是局限于自己的见闻。这两种人可以当官守法，而不可以与他们商讨法制以外的事情。"商鞅说"三代不同礼而王，五霸不同法而霸"，意思是夏、商、周三代的礼制不同，而都成就了王业。春秋时五霸的法度也不同，而都成就了霸业。所以有智慧的人创造法度，愚昧的人只会遵守旧的法度。贤明的人改革礼制，而平庸的人受礼制的约束。我们不能与这样的庸人商讨国家大事，请我君不要犹豫了。

这时杜挚说话了，他说："我听前人说过，没有百倍的利益，就不变更法度；没有十倍的功效，就不更换器具。"又说什么效法古人就不会犯错误，遵循旧礼就不会产生奸邪等，请秦孝公慎重考虑变法的事。

商鞅又反驳说："古代的政教不同，我们效法哪个古人？三代的帝王不相因袭，我们遵守谁的礼制？"商鞅又具体举例说，伏羲、神农教导人民而不杀人。黄帝、尧、舜，虽杀人而不连累人之妻子儿女。至于文王、武王，各自针对当时不同的形势，建立了法度；根据事实的情况，制定了礼制。礼制、法度这些东西是随着时代的需要而制定出来的。因此，治理人民并非只有一个办法，治理国家也不必效法古人。最后，商鞅以历史上正反两方面的教训，强调变法的重要性和迫切性。他说："商汤、周武的兴起，正是因为他们不拘守古法；夏桀、殷纣的灭亡，正由于他们不改革旧礼。这样说来，推翻古法的人不见得是错的，拘守旧礼的人也不见得是正确的。"

商鞅的这一番话，驳得甘龙、杜挚两人哑口无言。秦孝公听了双方的辩论后，认为商鞅说得好，打消了先前的疑虑。他说："我听说穷僻小巷的人少见多怪，孤陋寡闻的学者喜欢辩论。愚昧人所高兴的，正是智者感到悲哀的事。狂妄的人所感到愉快的事，正是贤明的人所伤悼的事。我现在对于变法，不再有什么顾虑了。"

这是一场精彩而又激烈的大辩论，双方围绕的主题是秦国要不要实行变法，实际上是代表新兴势力的改革派与反对变法的顽固守旧派之间的一次大的较量。守旧派反对变法的理论依据是"圣人不易民而教，知者不变法而治"，抬出历史上那些圣人、智者来压商鞅。商鞅则明确指出："前世不同教，何古之法？帝王不相复，何礼之循？"认为社会是向前发展的，社会的需要是随着时代变化而变化的，因而社会制度也要适应时代的需要而改革。古代的帝王霸主之所以成就王霸的大业，正是由于没有因袭前规。现代的国君也不可拘守旧制旧礼，要想富国利民，只有变法。通过辩论，商鞅扫除了变法过程中的障碍，也使秦孝公坚定了变法的决心。

商鞅帮助秦孝公起草了新法，在还未公布的时候，为了使人民知道新法的严肃性，想出了徙木赏金的办法。《史记·商君列传》记载了这个故事。一天，商鞅叫人在国都的南门竖立了一根三丈长的木头。下令说，谁能把木头搬到北门去，奖励十金。老百姓都很奇怪，不相信这是真的，没有人回应。商鞅又下一次命令，把赏格提高到五十金。有一人将信将疑，试着把木头搬移到了北门，商鞅果真奖给了他五十金，从此表明政府的命令一旦发布，那就是动真格的，不是闹着玩的。类似的事，吴起在魏国的河西郡也做过，说到底都是为了取信于民。

第4章

商 鞅 变 法

　　商鞅在秦孝公元年（前361）到达秦国后，经过与孝公的几次谈话，得到了孝公的赏识。又在朝廷上与守旧派辩论，终于获得秦孝公的信任。辩论完毕后，秦孝公"遂出《垦草令》"，由此拉开了秦国改革的序幕。《史记·秦本纪》说："三年，卫鞅说孝公，变法修刑，内务耕稼，外劝战死之赏罚，孝公善之。"可见秦国的变法从孝公三年开始。今本《商君书》第一篇是《更法》，即变法。只是此时，商鞅的身份是客卿，帮助秦孝公起草的《垦草令》一类新法，也是由秦孝公颁布的。

秦孝公的改革

根据《商君书·更法》记载，商鞅与甘龙、杜挚辩论完后，秦孝公坚定了变法的决心。于是，颁布了《垦草令》，即开垦荒地的法令。这篇法令的原文久已亡佚，今不可得其详情。《商君书》的第二篇《垦令》就是《垦草令》，但审视文中语气，不像是秦孝公发布的命令。有学者推定此为商鞅为孝公制定的方案，这种说法是可信的。《垦令》一篇集中说明了商鞅重农政策的具体办法，共有二十种督促人民积极开垦土地的办法，主要分以下几个方面。

第一，防止官吏害农。首先，朝廷要提高效率，这样百官对于公事就不会积压。全国各县的政令一致，官吏无从贪污，人民就不至于疲于供应，就有了更多的时间去开垦荒地。这是从政治上整顿吏治，保护农业的措施。

第二，压抑商人和手工业者。商鞅从耕战的目的出发，以为国家要富强靠的是粮食和兵员，这是本。商人和手工业者不是农业生产直接劳动者，是末。商鞅极力主张重农抑商，故制定了一系列措施打击商人。

1. 禁止商人卖粮米。国家下令商人不许卖粮米，农民不许买粮米。这样，懒惰的农民也只有靠努力耕作才能生活。商人由于无利可图，自然也就愿意去当农民，荒地必然会得到开垦。

2. 禁止人们开"逆旅"（旅馆）。国家禁止人们经营旅馆，使那些奸伪之民不能远行，安心在本地从事农业劳动。开旅馆的人，生计没有着落，只有去当农民。这些人都务农，荒地就必然会得到开垦了。

3. 提高酒肉的税收。酒肉是奢侈品，人们沉迷其中，对国家不利，因此要征收重税。国家提高酒肉的价格，加重酒肉的税收，让税额比成本高十倍，那么，卖酒肉的商人自然就减少了，官家不致浪费粮米，农民也不会因为喜欢喝酒耽误农事。官吏不喝酒，就不会因酒误了公事。

4. 加重关市之赋。国家加重关市中的商品税，这样农民就不愿意为商，商人也会对自己的职业产生疑虑从而转做农民，荒地就能得到开垦。

5. 加重商人的徭役。国家按照商家人口的数目，分配徭役，叫商家的奴仆依名册应役。这样农民就安逸，商人就劳苦了。农民安逸，农田就不致荒芜，农民也不会挨饿，会专心于农事了。商人劳苦，就没有余力将商品运往各地牟利了。

第三，鼓励农业。商鞅重农抑商，好像是抬高了农民的地位，其实不是。他此举目的是将农民束缚在土地上安心从事农业生产劳动，给国家创造更多的财富。《垦令》中有许多条款就是针对农民的。

1.禁止人民自由迁徙。国家不准许人民自由迁徙，如此一来，那些不安于农业的人就无处吃饭，只好老老实实在家务农。农民安静而又愚昧，荒地就必然会得到开垦了。

2.禁止人民游乐。国家不准许音乐、杂技等游乐活动在各地开展，农民平常看不到这些东西，精神不会浮荡，意志专一，就能安心劳动，荒地就能得到开垦了。

第四，凡是有害于农业的事都在禁止之列。

1.官与爵不轻授。战国时代，游说之士往往凭借口舌之利，借此国的势力，求得彼国的官爵。现在，国君不给这些人官职和爵位，人民就不会重视学问，不会轻视农事。人民不重视学问，就自然愚昧无知，也就不会和别国有交往。人民不跑到别的国家去，则本国就安全没有危险了。国家安全无事，人民就努力务农而不懒惰，荒地就必然会得到开垦了。

2.禁"辟淫游惰"之民。贵族之家，俸禄厚，收税多，吃饭的人口也多，是有害农事的。国家按照他们吃饭的人口数目，收取人口税，并加重他们的徭役。如此，那些邪僻、浮荡、游闲、懒惰的人就没有地方吃饭了。这四种社会寄生虫失去了生存的环境，只有去务农。这就增加了农业人口，荒地自然会得到开垦。

3. 重刑罚。一人有罪，全家连坐。这样那些"褊急""狠刚""怠惰""费资""巧谀""恶心"的人就不会兴风作浪，国内的荒地也就得到开垦了。

4. 贵族家里无职业的子弟须从事农业劳动。大夫家里不许雇工，这样，这些人家的子弟就要参加劳动。原来靠打零工过生活的人，由于没有了雇主，也只有回家从事农业劳动。

5. 军人市场不许有女子，军市中不许私运粮米。这样浮荡、懒惰的人就不会在军人市场里闲逛。无浮荡之人，国家的粮食就不会浪费。

以上所述，虽不是秦孝公公布的《垦草令》原文，但应该与其相差不会太远。从这些内容中，不难看出政府立法的本意是加强农业及保护农民种粮的积极性，打击商业和压低商人的地位。这是国家"耕战"的需要，要在当时的列强争雄中取得胜利，必须有足够的粮食等物质条件和足够的兵员保证。

秦孝公推行改革措施的初期，司马迁说"秦人苦之"。所谓苦，从大的层面上说，无非是政府实行新法的力度极大，老百姓有些不适应。不适应也要适应，没有讨价还价的余地。具体到各个不同阶层的人来说，新法对他们的利益也有不同程度的损害。首先是贵族的利益受到侵害，他们不能像过去一样坐享其成了。其次是商人，过去，经商可获得巨利，商人生活富裕。现在国家课以重税，经商没有多少利润可言，他们不得已，只能从事农业劳动。游士过去是不参加劳动的，现在国家限制他们自由活动，他们也只好参加劳动。懒汉、惰民是社会的寄生虫，过去游手好闲，现在要想吃饭，只有靠自己的劳动才行。这样一来，全国从事农业生产的人口增加了不少，原来的荒地得到了开垦。国家获得了更多的财富，社会趋于安定。几年之后，百姓便感到"便之"了。

秦孝公见新法取得了很大的成效，十分高兴。他尝到了甜头之后，便想进行规模更大、范围更广的改革，于是任命商鞅为左庶长，全面主持秦国的改革运动。

商鞅的第一次变法

秦孝公六年（前356），商鞅在秦国第一次实行了他的新法。从汉代历史学家司马迁的记载中，可以看到新法的要点包括以下几个方面。

第一，设立什伍户籍与连坐之法。早在秦献公时代，秦国已实行新的户籍法，把全国的人民按居住地"为户籍相伍"，即采用五家为一伍的户籍编制法。所以商鞅新法重申此令，有很好的基础。只是新法更加细化、制度化，把人民编成十家为一什，五家为一伍的单位。"什""伍"内各家互相监督。一家犯法，别家如不去告发，就要同罪连坐。秦献公时代也有"相连"的规定，但只是笼统地说要连坐，没有具体的惩罚措施。商鞅新法就不同了，明确规定了三种不同的情况，处以不同的奖惩措施。

1. 不纠举告发的人，处以"腰斩"。商鞅新法按居住地原则编成什伍基层组织，这就承认了"野人"的平民身份，目的是加强对他们的统治。什伍内一家犯法，别家即使不知情也要连坐。如系知情而不告发者，情况就严重了。所谓知情，不见得要亲眼看到，就是听说什么传闻也包括在内，必须去举报告发。如不告发，处以"腰斩"的酷刑。

2. 告奸者与斩敌首同赏。能去告发举报犯法行为的人，就可以受到奖赏，而且赏格很高，是与同敌国打仗斩敌首一样的奖赏——晋爵一级。这是很有吸引力的条款，意味着平民通过"告奸"，就能由普通平民上升为享有政治经济特权的统治阶级。斩敌首的奖赏，在《商君书·境内》篇里谈得更具体。士兵打仗时获得敌国甲士一颗首级，就赏赐他爵位一级、田地一顷、住宅地九亩、庶子（庶子的身份相当于农奴，每月要为主人服役六天，如果主人有徭役，庶子必须跟着服役）一人，他也可以担任军队或衙门中的官吏。

3.匿奸者与降敌同罚。匿奸的性质比不告奸还要严重，不告奸是没有主动到官府去告发，匿奸则是明知其犯法还要替他掩盖，当然要处以更重的刑罚。匿奸还包含更广泛的内容，如客店主人收留没有凭证的客人，也算匿奸。匿奸者与投降敌人的性质相同。按秦国的法律，投降敌人者，不但本人要被处死，还要没其家。如今匿奸者既与降敌者同，则同样受到处死的惩罚，他家里的财产要没收，连妻子儿女也要被罚为官府的奴隶。

商鞅新法首先重视的是社会的安定，新户籍法就充分体现了这一点。在新户籍制度下，全体人民处在官府的监控之下，一举一动都受到严密的监视。作奸犯科之事往往能够消灭在萌芽之中，稍有风吹草动，官府就能及时掌握信息，使得广大人民人人自危，不敢稍有异心。各级政府的官吏对上级负责，最后集权于国君，国君的权威至高无上，君主集权专制得到了充分体现。要指出的是，商鞅新法极其严酷，固然更多的是针对广大人民的，但同样也适用于官吏阶层。《商君书·赏刑》中说："守法守职之吏有不行王法者，罪死不赦，刑及三族。周官之人，知而讦之上者，自免于罪，无贵贱，尸袭其官长之官爵田禄。"这是说掌握国家法律、有职务的官员中，有人不执行国王的法律，就是死罪，绝不赦免，而且还要加刑于他的三族（父母之族、兄弟之族、妻子之族）。官吏犯法，周围的官吏知晓情况而不去告发也有罪。如去告发，自己就免了罪，而且无论贵贱，都可以得到那个犯法的官长的官爵、土地和俸禄。可见，在商鞅的新法中，人民和官吏犯法都是三族连坐，这与过去有很大的不同。

第二，民有二男以上不分异者，倍其赋。商鞅所在的秦国当时人民还是大家族聚居的生活方式，生活上互相依赖。商鞅新法出台这条规定，就是要打破这种习俗。老百姓家如果有两个儿子以上的，儿子到了一定年龄，必须分家出去独立生活。不分家的要加倍出赋税。这样势必产生更多的小家庭。生产单位的增加，也必然提高生产效益。这条法令，从表面上看是政府用强制的手段推出更多小家庭，扩大政府的赋税收入以及兵源。其实，这条法令的背后还有更深刻的含义。当时的诸侯国，不独秦国，基本上都是大家族聚居的，家族越大，宗族势力就越强。宗族势力强大，政府管理上的难度也就增大，对君主集权不利。在秦孝公之前颁布的《垦草令》中已经涉及了这个问题。大家族"食口众多，败农者也"，吃饭的人多，内中不乏邪僻、浮荡、游闲、懒惰的人。可以说大家族是滋生作奸犯科的土壤，是产生游手好闲奸民的温床，必须铲除。但《垦草令》中只是规定要加重他们的赋役，现在的新法则是明令他们分家。如果不分家，则一人要承担两个人的赋税，这就带有强制性质了。上面提到的四种人，过去在大家庭的掩护下，不参加农业劳动，现在为了有饭吃，只有参加劳动。这样无形中增加了农业劳动人口，有利于开垦荒地，使国家的收入大幅度增加。

第三，僇力本业，耕织致粟帛多者复其身。事末利及怠而贫者，举以为收孥。本业是指农桑业，也就是耕织，这是政府大力提倡的。农民积极生产，多交粟帛，国家可以免除其本人的徭役。"僇力本业"的人就是直接从事农业生产的人。对这部分人，国家要鼓励扶持，以调动他们的生产积极性。末与本相对应，事末利者，指不直接从事农业生产的人，主要指商人和手工业者。"怠而贫者"，是指不从事农业生产的"游食者"。这部分人是政府压抑的对象，不但本人要受到惩罚，连妻子儿女也会受到牵连，没入官府中当奴隶。这是用强制的手段，使"工商之民"和"游食者"回归农业生产的队伍中。商鞅新法中有这样的规定，也是有原因的。战国以来，随着社会商品经济的发展，商业利润远高于农业生产，必然会吸引更多的人弃农从商。这就导致了农业人口的减少，土地荒芜，国家征收的粮食也减少了。另一方面，大商人生活富裕，骄奢淫逸，败坏了社会风气。商鞅认为，商人不是直接生产者，他们本身并没有创造社会财富，往往只是靠投机取巧，获取暴利。商人的行为严重破坏了农业和工商业的正常比例关系，侵犯了小农的利益，已经到了必须处理的时候了。这是商鞅为了解决农商的矛盾制定的法律。

第四，有军功者，各以率受上爵；为私斗者，各以轻重被刑大小。这条法律是说，政府奖励军功，禁止私斗。有军功的受爵，私斗者根据情节轻重予以不同的处罚。这是为了鼓励士兵打仗时英勇杀敌。《韩非子·定法》篇说，战阵上斩敌一颗首级，赐爵一级。要做官的，可以给五十石俸禄的官。斩得敌人两颗首级的，赐爵位两级，要做官的可以委任一百石俸禄的官。官爵的提升是和斩得敌人首级的军功相称的。另外，在《商君书·境内》篇里还讲了针对其他几种情况，有不同的奖惩措施。

1. 对打仗时逃跑和没有斩敌首情况的处理。战争期间，五个人编成一伍。五人中有一人逃跑，就要处罚其余四人。如果四个人中，有人斩得敌人一颗首级，就可以恢复自己的身份。五个人设立一个"屯长"。一百个人设置一个"百将"。打仗时，"百将"和"屯长"没有获得敌人的首级，则"百将"和"屯长"就要被处死。

2. 打仗时规定了杀敌数额。一般的战役，如果斩得敌人首级三十三颗，就达到了朝廷规定的数额，那么百将和屯长都赐爵一级。围攻敌人的城池，军队能够斩敌人首级八千颗以上，就达到了朝廷规定的数额。如果是野战，需要斩首二千，才算达到了朝廷规定的数额。这样，官吏自"操士"和"校徒"至大将，都要受到赏赐。旧爵是"公士"的，升为"上造"。旧爵是"上造"的，升为"簪袅"。旧爵是"簪袅"的，升为"不更"。旧爵是"不更"的，升为"大夫"。旧爵是小吏的，升为"县尉"，并赏赐六个奴隶、五千六百个货币。旧爵是"大夫"的，就让他掌管一种政务，升为"官大夫"。旧爵是"官大夫"的，升为"公大夫"。旧爵是"公大夫"的，升为"公乘"。旧爵是"公乘"的，升为"五大夫"，并赏赐三百户的地税。旧爵是"五大夫"的，升为庶长。旧爵是庶长的，升为左更。旧爵是三更（左、中、右三更）的，升为大良造。庶长、三更及大良造，都赏赐三百户的封邑，还赏赐三百户的地税。有了六百户的地税和封邑，就可以养门客了。大将、车夫、骖乘都赏赐爵位三级。有人原来是客卿，做了军佐，在达到朝廷规定的斩敌首数额情况下，就可以升为正卿。

3.打仗时阵亡的人，根据不同的职务予以不等的抚恤。小夫以上至大夫，如果死去，官爵每高一级，坟上的树就多一棵。

以上是关于军功的奖惩法令，可以说是很细致了，有奖有罚，赏罚分明，极便于操作，目的是让人民知道，为国家出力是件光荣的事情。相反，为了私利发生的"私斗"，是明令禁止的，还要根据情节轻重给以相应的处罚。

1975年12月在湖北云梦睡虎地出土的《秦律》竹简中有《军爵律》材料两条，可进一步印证文献的记载。

一条说："从军当以劳论及赐……"另一条说："……及隶臣斩首为公士。谒归公士而免故妻隶妾一人者，许之，免以为庶人。工隶臣斩首及人为斩首以免者，皆令为工。其不完者，以为隐官工。"这里明确规定，赐爵的条件是"从军有劳"和"斩首（斩敌首级）"。凡是这样的人，不管是平民、官吏，还是奴隶或工匠，皆可获得赏赐。这样的法律规定，显然更加突出了有军功乃得赏赐的原则。

上面的"僇力本业"和这里的奖励军功，也即农战或耕战，是商鞅新法中的重点。商鞅认为，农业是本，商业是末。只有农民积极从事农业，国家才可以富；只有军士积极从事于战争，国家才可以强。农战高于一切。国家的一切法令条规都是围绕这个中心主题而展开的。

第五，宗室非有军功论，不得为属籍。"宗室"就是国君的宗族家室，"属籍"指宗室的簿籍。唐司马贞的《史记索隐》解释说："宗室若无军功，则不得入属籍，谓除其籍，则虽无功，不及爵秩也。"按照司马贞的说法，宗室没有军功的，仅仅是不得入属籍而已，原来的爵秩则仍保留。这恐怕非商鞅新法的原意，出土《秦律》中有这样一条："内公孙毋无爵者，当赎刑，得比公士赎耐不得？得比焉。"从这条法律问答中，可知"内公孙"即宗室贵族；"毋爵者"即没有爵秩的宗室贵族，说明宗室贵族中已出现没有爵秩的人。由此可知，商鞅的这条法令是说，即便贵为宗室，如果没有军功，就不得列入公族的簿籍册中。不列入公族簿籍，意味着不再享有宗室的各种特权。要像过去一样享有特权，必须在战场上立功。这条法令表明新法废除了旧贵族的世袭特权，将所有的旧爵收回，重新分配。这就打破了原来的官场秩序，削弱了旧贵族的势力。以前没有爵位的人，以军功进入统治阶级行列。这些人为了获得或保住自己的爵位，在战争中拼命出力，效忠于国君。

第六，重定爵秩等级。商鞅新法还重新制定了秦国的官爵等级，不同的等级享受不同的待遇。商鞅在颁布奖励军功法律的同时，又对秦国过去的官爵做了系统的整理。他把秦的爵位定为二十级。第一级公士，第二级上造，第三级簪袅，第四级不更，第五级大夫，第六级官大夫，第七级公大夫，第八级公乘，第九级五大夫，第十级左庶长，第十一级右庶长，第十二级左更，第十三级中更，第十四级右更，第十五级少上造，第十六级大上造（大良造），第十七级驷车庶长，第十八级大庶长，第十九级关内侯，第二十级彻侯。以上二十级爵位中，第一至第四级是士，第五至第九级为大夫，第十至第十八级为庶长（相当于中原国家的卿），最后两级相当于诸侯。

商鞅规定："明尊卑爵秩等级，各以差次名田宅，臣妾、衣服以家次。"也就是说，所有的"田宅、臣妾"必须按爵位的大小来分配，服装也依据官爵的高低穿着。"名田宅"是"以名占田"的意思，即私人占有田宅。"臣妾"就是奴隶。这些有爵位的贵族，可按爵级获得可供驱使的庶子，级乞一人。爵至五大夫以上，可以享受"赐税""赐邑"的优待。爵级越高，经济上的待遇也越高。

有爵位的人不仅在经济上享有特权，而且还享有政治上的特权。《商君书·境内》篇说凡是有爵者，在犯罪时可以享有各种特权，"其狱法，高爵訾下爵级""高爵罢，无给有爵人仆隶"。还具体规定，二级爵位以上的人触犯了法律，只是降低爵位的等级，而不作其他处理。一级爵位的人犯了法，只是取消他的爵位而已，也不作其他处理。等于这些爵位高的人触犯了刑律，可以以爵位抵消刑罪。湖北云梦睡虎地出土的《秦律》竹简，不仅说明《境内》篇所记载的是可信的，而且还可以进一步看到这种不公平性。如《司空律》规定："公士以下居赎刑罪、死罪者，居于城旦舂，毋赤其衣，勿枸椟欙杕。鬼薪白粲，群下吏……皆赤其衣，枸椟欙杕，将司之。"就是说，有"公士"爵以下的人以劳役赎刑、赎死，要做舂的劳动，不必穿红色囚服，不施加木械、黑索和胫钳。而无爵的刑徒，如"鬼薪白粲、群下吏"之类，虽然同是"居于城旦舂"，却必须穿红色囚服，加木械、黑索和胫钳等刑具，并加监管。赎刑也不是人人可以享受的，只有大小封君、无爵的宗室贵族和有"公士"以上爵位的人才配享受。一般的人犯罪，不仅没有经济条件去纳金赎罪，即使有钱也不被允许。又如《游士律》中规定："有故秦人出，削籍，上造以上为鬼薪，公士以下刑为城旦。"就是说，犯一样的罪，而身份不同的人所判处徒刑却不同。凡是有上造以上爵位的人，当犯有投敌叛国罪时，只判为鬼薪徒刑，没有肉刑；如是公士爵以下者，则要处以肉刑，并判为刑期较长的城旦刑徒。可见，有无爵位、爵位高低与刑罚的轻重有很大的关系。

商鞅制定的"二十等爵"制度，与春秋以前的分封制度明显不同。这些有爵位的人所享有的只是"衣食租税"，不掌握食邑内的行政权。这些地方的行政权仍在国君手中，避免了有爵之人对行政的干涉。再说爵位一般不世袭，即使世袭，也传不长。这就便于政府削爵、夺爵后重新分配给有军功的人。

第七，有功者显荣，无功者虽富无所芬华。此条法律，实际上就是对以上各条款的概括总结，是这次新法的核心纲领。目的就是在社会上造成一种风气，那就是全社会崇尚军功。有功者无比光荣，有社会地位。无功者即使富有，也不能享有政治和经济上的特权。

综观商鞅第一次新法的内容，我们不难看出，这其实是魏文侯"食有劳而禄有功"的原则在秦国的继续和深化。商鞅新法将这条原则进一步具体化，在实践中又具可操作性，因而所取得的成效也更大。但新法的实施损害了一部分旧贵族的利益，在推广过程中必然遭到破坏和阻挠，据司马迁《史记》的记载，比较严重的事件有两起。

头一起是秦国都内声称新法不便的人数以千计。此时的秦国都在栎阳，也即栎阳城内到处都是反对新法的声音。他们反对的理由是新法改变了过去的习惯，所以感到"不便"。这些声音来自基层，是一股不可忽视的力量，令商鞅感到很棘手。

更为严重的反对声音来自统治阶级上层。首先跳出来反对新法的是太子的老师公子虔、公孙贾等人。他们唆使太子犯法，想考验商鞅到底如何处理。商鞅新法虽说极其严厉，但太子是国君的继承人，是不可以被施刑的。很显然，这是旧贵族保守派公然向商鞅发起的挑战。商鞅向秦孝公提出

"君必欲行法，先于太子"的动议，意思是要想顺利推行新法，必须先拿太子开刀，不能姑息。但太子身份特殊，商鞅不敢动真格，于是将太子的老师公子虔处以严刑，将其另一个老师公孙贾处以黥刑（在脸上刺字）。表面上是要严惩太子，实际上太子仍然逍遥于法外。但不管怎么说，这一举动还是起到了震慑作用。朝中许多诽谤新法的人，再也不敢跳出来公然叫板。在商鞅的严厉镇压下，各地反对新法的保守派都被打压了下去。

商鞅为了彻底推行新法，不给那些反对新法的保守派以喘息的机会，制定了严酷的法律。当初那些反对新法、称新法不便的人，这时为了躲避法律的打击，又跑到商鞅面前称新法"便"了。商鞅丝毫不为所动，果断地说"此皆乱化之民也"，将他们全部迁往边城。在商鞅眼里，这些人是不安定的投机分子，一会儿诋毁新法，一会儿又夸奖新法。将他们放逐到边远之地去，一则可防止他们随时破坏新法，二则对那些嘴上不说、心底极端反对新法的人起到震慑作用。果然，此后"民莫敢议令"。对于那些触犯法律的人，商鞅毫不手软。据《史记·商君列传》的裴骃《集解》引《新序》说，商鞅一天就在渭水边上处死了七百多人，"渭水尽赤，号哭之声动于天地"。

随着商鞅新法在全国的推行，新法的效果也很快显现出来。新法的核心是富国强兵，即耕战，目的是向东发展，与中原诸侯争雄。向东发展面临的第一个对手是魏国。秦孝公七年（前355），秦孝公与魏惠王在杜平（今陕西澄城东）会盟，可见此时的魏国见秦开始强大，不再视其为"戎狄"了。这次会盟的政治意义大于军事斗争，从此结束了中原各国长期以来不与秦国会盟的局面，拉开了秦争雄中原的序幕。

秦、魏会盟的次年，即秦孝公八年，魏与赵发生战争。魏军包围了赵国首都邯郸，赵向齐国求救。齐军"围魏救赵"。当魏国正全力进攻邯郸时，秦国从魏的背后出兵，在元里大败魏军。由于秦国实行的新法崇尚军功，秦军人人奋勇，个个争先，斩魏军七千首级，攻取了魏国的少梁。这是商鞅变法以来首次取得的军事大捷，显示了改革的成效。

秦孝公十年，商鞅被提拔为"大良造"（也称"大上造"）。这是秦国的最高官职，掌握军政大权。

就在商鞅任大良造的同一年，秦国又出兵攻打魏国的故都安邑。次年，商鞅亲自率领军队围攻固阳。魏国曾在固阳修筑长城，但仍然不能抵挡秦军的进攻，最后只得投降。就这样，秦取得了固阳要地，使得魏国的长城失去了作用，河西之地尽在秦的掌控之中。

商鞅的第二次变法

商鞅第一次变法取得了很大成效，被秦孝公任命为大良造，继续主持秦国的变法运动，这就是一般所称的商鞅第二次变法。第二次变法前，秦把国都从栎阳迁到了咸阳。

《史记·秦本纪》说："十二年，作为咸阳，筑冀阙，秦徙都之。"即秦孝公十二年（前350），在商鞅的监修下，秦于咸阳大兴土木，建造宫殿楼阁，后在这里定都。秦为何要放弃原来的国都栎阳，迁往咸阳新都？这就要从咸阳的地理位置说起。

咸阳地处九峻山之南，渭河之北。"咸"是全部的意思，"阳"是山的南坡、水的北岸，咸阳即皆得山水之阳。从地势上看，这里依山面水，地势险要，利于防守。又兼交通便利，靠近原西周镐京，附近人口稠密，土地肥沃。南山又有取之不竭的物产，故这里很适宜作为国都。旧都栎阳四周无名山大川，难以防守。更重要的是，秦国要东进与中原诸侯争雄，必须把国都迁往有利之处。过去从雍迁栎阳显然是为了收复失去的西河之地，西河失地收复后，秦考虑的是兼并天下的大计。栎阳在渭水北，不在去函谷关的大路上。咸阳则北依高原，南临渭水，沿河而东，正是通往函谷关的交通要道。清代历史学家顾祖禹在《读史方舆纪要》中引宋代学者王应麟的话说："渭川自大散关以北,达于歧雍,夹渭南北岸,沃野千里,谓之秦川。关中有事,沿渭上下,可度者不一处,战守之宜所在皆急。此诚都城之襟带,畿辅之堅防也。"可见咸阳就是一个理想的建都之地。

《史记·商君列传》说"筑冀阙宫廷于咸阳",是指秦孝公迁都之前对新都咸阳的营建。"冀阙"是当时宫廷门外的一种较高的建筑物,政府公布的法令就悬示在此。新都咸阳的宫廷等建筑物完工后,秦孝公便正式迁都。迁都不仅意味着政治上的除旧布新,还具有传达向东兼并天下的远图的意义。

迁都咸阳之后,商鞅第二次变法的法令也随之公布了。新法主要包括以下这些内容。

第一,"令民父子兄弟同室内息者为禁"。商鞅为何要禁止老百姓父子兄弟同室居住?因为商鞅认为当时的秦国还普遍沿袭戎狄的习俗,"父子无别,同室而居"。新法首先革除戎狄落后的风俗,有移风易俗的意义。但这条新法的实质恐怕还在经济方面,第一次变法中有"民有二男以上不分异者,倍其赋"的法令,新法就是这条法令的深化。一家有两个以上儿子不分家,即父子兄弟同室居住,这种情况,先前的法令,规定"倍其赋",通过加倍赋税的办法来限制。

这种办法对于一般的贫穷人家可以起到一定的作用，但对于那些富豪的大家庭，效果有限。富豪之家依然可以聚族群居，大家族里吃闲饭的人仍然很多，那些邪僻、浮荡、游闲、懒惰的人，依旧在大家庭的掩护下，不参加农业劳动，甚至危害社会治安。实践表明，原来的法令不够完善，有漏洞。故新法制定了更为严厉的措施，严禁父子兄弟同室居住。即便大家族经济实力雄厚，也不允许用"赋税"抵消，不搞以罚代令。这样就用强制性的办法，从大家族内部挖掘出大批闲散的劳动力。劳动力的增加，无疑给国家提供了更多的财富收入。另一方面，根据秦国的法令，全国的青壮年人口都要登记在政府的户口册上。大家庭人口众多，较易漏报和不报，现在从大家族里分出的更多的小家庭，则不容易隐瞒不报。这样就为国家征集兵员提供了可靠的依据。因此这条法令表面上看起来很平常，实际上充分体现了商鞅的农战思想。

《史记·秦本纪》记载，秦孝公十四年（前348），"初为赋"，这无疑也是商鞅变法中的一项重要内容。在过去的井田制度下，赋的征发依据是土地，就是对这块土地上的人征收实物，或征发军役。换言之，赋的多寡由土地的多少决定。商鞅制定的"初为赋"的"赋"却是要改革这种现象，按人口征收赋税，即人头税，也就是汉代董仲舒所说的"口赋"，这是中国历史上出现最早的人头税。董仲舒说："至秦……田租、口赋、盐铁之利，二十倍于古。"说明这种改革对于增加国家财政收入起了很大作用。同时，赋的征收发生了性质变化，这是当时社会性质变化的反映。由于经济的发展，一些原先依附于土地国有制下的人民，由于土地"民得买卖"，失去了土地；也有一些商贾离开了土地，靠经营商业获得利益。这两部分人与土地的关联不大，显然不能用土地的多寡来征赋，故以人头税弥补之。这样，"田租"（土地税）和"口赋"（人头税）就成为国家最重要的赋税制度。商鞅之所以要做这样的改革，是因为商鞅一贯提倡农战：一是可以从中挖掘更多的闲散劳动力参加农业生产，又可以保证国家的兵员征集；二是可以起到"重农抑末"的作用，对于没有土地的工商业者起到一定的压制效果，使国家负担不至于全部压在耕种土地的农民身上，挫伤广大农民的生产积极性。此法令也即《商君书·农战》篇提到的防止商贾为技艺逃避农战的措施。

第二，集小乡邑聚为县，置令、丞，凡四十一县。这是商鞅普遍推行县制、设置县一级官僚机构的措施。商鞅把全国范围内那些分散的乡、邑、聚（村），按照一定的标准合并为县。可见县是由基层的乡、邑、聚组成的，乡、邑、聚以下又有什伍之类的组织。这样一来，过去由血缘关系形成的氏族组织，变成了由最小单位的户，经什伍到乡、邑、聚，再到县的地域关系组织。同时，每一县设置的县令、县丞都由国君任命，标志着官僚体制的进一步完善。县的普遍推行，是为了把全国的政权与兵权集中到朝廷，建立中央集权的政治体制。这一点，《商君书·垦令》篇有很好的说明："百县之治一形，则从，迁者不敢更其制，过而废者不能匿其举。"意思是说，各县的政治制度都是一个形态，人人遵从，邪僻的官吏就不敢玩弄花样，接替的官吏就不敢随便变更制度，犯了错误的官吏也不敢掩盖其错误行为。这样，各县的权力自然就集中到了国君手中，既能控制人民，监督官吏，又能达到国家强大和富裕的目的。也只有如此，官吏才不会渎职，人民才不敢游荡。

第三，开阡陌封疆。所谓"开阡陌封疆"就是废除井田制度，这是没有疑义的。历史文献中关于商鞅"废井田，开阡陌"的记载有多种，但如何开法，说法不同。如《战国策·秦策三》说："蔡泽曰：……决裂阡陌，教民耕战。"《史记·秦本纪》说秦孝公十二年（前350），商鞅"为田开阡陌，东地渡洛"。《史记·商君列传》说："为田开阡陌封疆，而赋税平。"可见开即决裂的意思，所决裂的是"阡陌封疆"。"阡陌"是指每一亩田的小田界，"封疆"则是每一井田之间的大田界。商鞅是否只是将旧的阡陌封疆一开了之？

事情显然不会如此简单。众所周知，井田是方块田，其亩积是以方百步来计算的。田与田之间有田界，井与井之间有封疆。这些田界封疆，又是同田间的纵横道路及排灌系统相一致的。商鞅新法就是掘去原来井田的阡陌封疆，改变了旧有亩积，也就是改变了原来井田制的剥削方式。国家重新授田时，仍有新的阡陌封疆，但这并不重要。重要的是废除了旧的土地制度，正式承认了土地的私有和买卖，由国家统一收税。这是一项划时代的变革，它标志着秦国封建土地所有制的确立。睡虎地出土的《秦律》中的《法律答问》明确规定，私自移封是有罪的，要判赎耐（耐刑，可以出钱赎罪）。《答问》中还说明"封"就是田地的阡陌，百亩的田界算作"封"。又问如私自移动"封"，便判处赎耐，是否太重？答曰并不太重。从中可以看出，这种规定显然是为了防止有人侵犯封建国有土地，也是为了保护地主的私有土地。

第四，平斗桶、权衡、丈尺。这条法令通俗一点说，就是统一度量衡制，由政府颁布度量衡的标准器。斗桶，即计算容积的衡器。权衡，指重量的衡器。丈尺，指长度的衡器。《战国策·秦策三》记载蔡泽的话说："夫商君为孝公平权衡、正度量、调轻重。"度量衡制的统一意义很大，与统一赋税制度、俸禄制度和发展工商业以及人民的日常生活等方方面面关系巨大。

现在传世的商鞅方升（藏上海博物馆），造于秦孝公十八年，到秦始皇二十六年（前221）统一度量衡时仍作为标准器使用。睡虎地出土的《秦律》中的《效》正是秦统一度量衡制具体的法律条文。条文中有：

> 衡石不正，十六两以上，赀官啬夫一甲；不盈十六两到八两，赀一盾。甬（桶）不正，二升以上，赀一甲；不盈二升到一升，赀一盾。

衡石指衡制单位石，不正就是不准确。上述条文意思是衡石不准确，误差在十六两以上，罚该官府啬夫一甲；误差不满十六两而在八两以上，罚一盾。桶不准确，误差在两升以上，罚一甲；误差不满两升而在一升以上，罚一盾。又有一条文说：

> 斗不正，半升以上，赀一甲；不盈半升到少半升，赀一盾。半石不正，八两以上；钧不正，四两以上；斤不正，三朱（铢）以上；半斗不正，少半升以上；参不正，六分升一以上；升不正，廿分升一以上；黄金衡赢（累）不正，半朱（铢）以上，赀各一盾。

这是说，斗不准确，误差在半升以上，罚一甲，不满半升而在三分之一升以上，罚一盾。半石不准确，误差在八两以上；钧（三十斤）不准确，误差在四两以上；斤不准确，误差在三铢以上；半斗不准确，误差在三分之一升以上；参不准确，误差在六分之一升以上；升不准确，误差在二十分之一升以上；称黄金所用天平砝码不准确，误差在半铢以上，均罚一盾。以上两则材料正是商鞅"平权衡、正度量、调轻重"的具体法律条文。

第五，焚《诗》《书》，明法令。秦国大规模焚烧《诗》《书》的举动，一般认为是在秦始皇时期，其实早在商鞅时代就已开先例。此事虽在《商君书》《史记》等书中无明言，但在《韩非子·和氏》篇里有明确记载。韩非说：

> 商君教秦孝公以连伍什，设告坐之过，燔《诗》《书》而明法令，塞私门之请，而遂公家之劳，禁游宦之民，而显耕战之士。

韩非是战国后期的法家人士，其云必有根据。《诗》《书》是儒家学派的经典，商鞅下令禁毁，也在情理之中。《商君书》中反对儒家著作和儒术的实例不胜枚举。如《农战》篇提到，秦国境内有些人为了逃避农战，竞相学习《诗》《书》，以取得富贵。商鞅认为这是很危险的事，如果"民以此为教"，则国家从事农耕的人就少了，打仗的兵也会减少，国家的力量就会削弱。为此商鞅说："农战之民千人，而有《诗》《书》辩慧者一人焉，千人者皆怠于农战矣。"又说："虽有《诗》《书》，乡一束，家一员，犹无益于治也。"这就是《诗》《书》等儒家著作要禁毁的原因，因为它们是有害于农战的东西，不利于国家的法治。《靳令》篇又把儒家的经典《诗》《书》《礼》《乐》及儒家的主张仁义、孝悌等比作"六虱"，认为务必除去：

> 六虱：曰《礼》《乐》；曰《诗》《书》；曰修善、曰孝弟；曰诚信、曰贞廉；曰仁、义；曰非兵、曰羞战。国有十二者，上无使农战，必贫至削。

商鞅认为《诗》《书》《礼》《乐》等是危害国家的六种虱子（细分有十二项）。国中有此十二项事务，国君就没法使人们从事农战，国家必穷以至于力量削弱。如除去这十二项事务，则国家可强大，天下诸侯都不敢侵犯。《商君书·垦令》明令禁止人们游学，就是为了防止各种学说蛊惑人民，达到愚民的目的。"愚农不知，不好学问，则务疾农。"凡是想要做官的都要靠军功，要学习律令，以吏为师。

商鞅前后共进行了两次变法，贯穿其中的改革精神实质是耕战，所有的新法都是围绕这个主题展开的，以达到富国强兵、最终称霸天下的目的。第一次变法的中心任务，主要是解决困扰秦国多年的积弊——国家贫弱，君主暗弱。为了使人民从思想上认识到改革的必要性和严肃性，商鞅制定出台了一系列严厉的措施。政府大力提倡农耕，奖励军功，使全国上下人人以此为荣，提高了劳动生产力和军队的战斗力，国家的实力很快得到了提升。但商鞅知道，变法至此，还远远不够。于是在第一次变法取得初步成效的基础上，商鞅又进行了第二次变法。这次变法是前次变法的继续，涉及的面更广，更深入。因此，新法招致守旧的顽固派激烈的反对和阻挠也不足为奇，因为改革损害了这部分利益集团的利益，他们必然更加忌恨商鞅，时时刻刻不忘跳出来表演一番。第一次变法时跳出来明目张胆抗法的是太子，其实背后指使太子的是太子的老师公子虔等。守旧派利用太子的特殊身份，想试探一下商鞅的态度，说穿了就是对商鞅新法的公然挑战。商鞅毫不手软，对他们进行了严厉的惩罚。第二次新法推广后的第四年，守旧派又出来反对。这次公子虔由后台直接奔前台，不惜以身试法，"复犯约"。商鞅将之处以"劓刑"，这是发给反对派的一个信号，表明新法绝不容许任何人破坏。商鞅这样做的结果，一方面捍卫了新法，另一方面也为日后的杀身之祸埋下了伏笔。

商鞅的新法取得了很大的成效，秦国由落后贫穷的国家一跃成为富强的国家。《商君列传》谓"天子致胙于孝公，诸侯毕贺"。说明此时的秦国已成为当时历史舞台上的要角。

先说"天子致胙于孝公"一事。《秦本纪》载此事为孝公十九年（前343），周天子将秦孝公改爵为伯，这就是"天子致伯"。周天子虽然式微，但名义上仍然是天下共主。

获得了周天子的封爵，等于是取得了更加合法的地位。《史记正义》引桓谭的《新论》说："夫上古称三皇、五帝，而次有三王、五伯，此天下君之冠首也。……兴兵约盟，以信义矫世谓之伯。"这说明"天子致伯"的"伯"，一方面是封爵的名号，同时又隐含"兴兵约盟，以信义矫世"之意。

再看"诸侯毕贺"。事在秦孝公二十年，诸侯各国纷纷派使节来祝贺孝公封伯。此后，秦也使公子少官率师，会诸侯逢泽，共同前往朝见周天子。这时的秦俨然是诸侯的首领，足以表明秦国地位之高。这在商鞅变法以前简直是不可想象的事。

以上二事表明秦已成为当时重要的大国。商鞅变法后，秦国国力大大提升，成为强国。因其是强国，外交上才能取得重大胜利，改变以往被孤立的局面。与外交紧密联系的是军事上的一系列成功。

秦孝公二十年（前342），魏与齐、赵、宋的争战发生。齐国以田忌为将，孙膑为军师，率兵攻魏。魏以太子申率领军队十万迎敌。双方在马陵（今河南范县西南）决战，至次年，魏军大败，太子申被俘虏，主将庞涓自杀。商鞅见时机已到，连忙向秦孝公献策。《商君列传》记载了商鞅的建议：

秦之与魏，譬若人之有腹心疾，非魏并秦，秦即并魏。何者？魏居领阨之西，都安邑，与秦界河

而独擅山东之利。利则西侵秦，病则东收地。今以
君之贤圣，国赖以盛。而魏往年大破于齐，诸侯叛
之，可因此时伐魏。魏不支秦，必东徙。东徙，秦
据河山之固，东向以制诸侯，此帝王之业也。

商鞅分析了秦国与魏国的政治与地理方面的形势。秦与
魏不两立，不是秦并魏，就是魏并秦。秦如欲与中原诸侯争
雄，首先面临的敌人就是魏国。从地理条件上说，魏占据优
势，魏据河西之地，进可攻，退可守，本来秦国是没有多少
机会的。而现在魏国被齐国打败，力量削弱，秦国正好利用
这个时机进攻魏国，这时魏必然要往东退去。魏军东去，我
们可乘机夺取河西之地。这样，秦凭据河山之固，可以东进
制服山东诸侯，帝王的大业就可成了。秦孝公欣然接受了商
鞅的建议，因为击败魏国，东出与诸侯争夺天下是历代秦君
的梦想。同年九月，商鞅率领秦军伐魏。十月，赵国也出兵
攻魏。魏两面受敌，力不能支，为秦所败。

秦孝公二十二年（前340），齐、赵两国又联合攻魏。
商鞅见有机可乘，率领秦军继续进攻魏之西鄙。魏国派公子
卬为主帅抵御秦军。虽然魏国在军事上连连受挫，但秦军想
要强攻西鄙，却也不易。于是，商鞅心生一计，写信给公
子卬。信上说："我以前就与公子交好。现在各为其主，不
得已要交兵。我实在不忍心与老朋友动手，想与公子见面叙

旧，饮完酒后，各自罢兵，如何？"原来商鞅早年在魏国求仕时与公子卬有交情。公子卬见信后念及旧情，信以为真，欣然前来会见。不料会盟仪式结束，刚要饮酒时，商鞅预先埋伏在帐后的甲士冲了出来，俘虏了公子卬。魏军因没有了主帅，溃不成军。秦军乘机发起进攻，获得大胜。

商鞅率领秦军取得了大捷，从军事的角度看无可厚非：两军对阵，兵不厌诈。但从道义上说，商鞅赢得极不光彩，以致千载诟病。《战国策·秦策三》引应侯的话说："夫公孙鞅事孝公，极身毋二，尽公不还私……欺旧交，虏魏公子卬，卒为秦禽将，破敌军，攘地千里。"指责商鞅"欺旧交"。又有《吕氏春秋·无义》详载此事，篇题名"无义"，将商鞅此举列为"无义"。商鞅先是用旧情打动公子卬，说"凡所为游而欲贵者，以公子故也"，表示要罢兵"将归矣"，又派人对公子卬说："归未有时相见，愿与公子坐而相去别也。"可谓极尽借友情行欺骗之能事。商鞅此举对于秦国而言是立大功，但秦孝公死后，秦惠王却不买账，反而因怀疑商鞅的个人品行，"欲加罪焉"。更为可悲的是，后来秦国的守旧派反攻倒算，商鞅不得已带领部属和老母出奔魏国，魏国边境守官也因此拒绝他入魏。

由于魏国连年征战，损兵折将，屡遭败绩，以致国内空虚，各种矛盾加剧。魏惠王不敢再战，只好派使者到秦国求和，愿意割让河西之地，将都城由安邑迁往大梁。梁惠王（即魏惠王，以其迁都大梁，史书上习称其为梁惠王）愤愤地说："寡人恨不用公叔痤之言啊。"想当初魏相公叔痤曾向惠王推荐过商鞅，要他重用商鞅，否则就将其处死，以免对魏国不利。不幸的是公叔痤的担心成了现实，后悔已经晚了。

秦孝公二十四年（前338），商鞅又率领军队进攻魏国。秦军会同降服的大荔之戎围攻郃阳，又渡过黄河和魏军在岸门（今山西河津南）交战，秦军获得大胜，并俘虏了魏军主将魏错。

秦国就这样以极小的代价获取了最大的利益，夺取了河西之地，占领了这个有"河山之固"的战略要点，为日后兼并六国诸侯、统一天下创造了条件。

商 鞅 遇 害

商鞅变法后的秦国，发生了巨大变化。《史记·商君列传》称"居五年，秦人富强，天子致胙于孝公，诸侯毕贺"。这是说商鞅第二次新法推行五年之后，秦国十分富有，军队的战斗力很强大，名声传于天下，周天子派人来表示祝贺，又封秦孝公为"伯"，各诸侯国国君也纷纷前来祝贺。要注意的是，"秦人"实指秦国，而不是说秦国的人民生活已很富裕。实际上新法的成功，是以牺牲广大人民的利益为代价的，我们看新法的具体条文便可知晓。商鞅新法触动了旧贵族的利益自不必说，就是同地主阶级内部的一些代表人物也发生了利害冲突。

商鞅变法的成功，使得秦孝公对他极其信任，也给商鞅带来了高官厚爵。商鞅出任大良造，这是秦国最高的官职，相当于其他诸侯国的相。一般而言，国相不能兼领军队，而商鞅却集军政大权于一身，俨然处于一人之下、万人之上的地位。秦孝公二十二年，商鞅率领军队打败魏国，俘虏魏公子印。不久魏又割地求和，秦取得河西之地。此时，商鞅的事业达到了鼎盛时期。秦孝公便将于（今河南内乡县东）、商（今陕西商洛市东南）之地十五邑封给商鞅，因此商鞅号为商君。

秦国的旧贵族对商鞅是又怕又恨，有个叫赵良的人往见商鞅，与商鞅做了长篇谈话，主旨无非是让商鞅放弃新法，善待旧贵族们。很显然，赵良这次去游说商鞅绝非个人行动，而是带着贵族们的旨意去的，可以说他的后台老板就是旧贵族。《史记·商君列传》对此有详细而又生动的记载。

赵良见商鞅，商鞅很客气地接待了他。商鞅说："我从前由孟兰皋介绍，才认识了先生，以后想进一步与先生交往，不知道先生愿不愿意?"赵良口里连连说"不敢当"，并引孔子的话说"推贤而戴者进，聚不肖而王者退"，称自己属于"不肖"者，所以不敢与商鞅交往。接着赵良把话锋一转，说，我听古语这样讲："不是自己的位置而居之，叫作贪位。不该属于自己的名而有之，叫作贪名。"所以你不耻下交，我却不敢从命。赵良左一个"不敢当"，右一个"不敢从命"，说到底是表示不愿意与商鞅合作。同时，也说明新旧两派势力严重对立，双方不可能妥协。这一切商鞅心里是清楚的，所以用语言挑明道："难道先生不喜欢看到我把秦国治理好吗?"

以上是赵良与商鞅两人见面时的开场白，双方还算客气。接下去，双方的辩论渐入主题，言语中也充满了火药味。商鞅问道："早先秦国沿袭的是戎、狄的风俗，父子无别，同室而居。现今我移风易俗，严禁父子男女同室居住，改变了这种落后的风俗。我在咸阳大筑冀阙，使其壮丽如鲁卫。你看我治秦的功绩，与五羖大夫相比，哪一个成就更大呢?"

五羖大夫，即用五张羊皮换来的秦穆公时期的大夫百里奚，是秦国历史上公认的贤臣，对秦国的发展做出过巨大贡献。商鞅举出自己平生极得意的两件事，与五羖大夫相比较，并且从商鞅的口气看，五羖大夫是不能与自己比拟的。

那么商鞅得意的两大杰作是什么呢?

商鞅新法中有禁父子同室而居的条文,目的是分离出更多的小家庭,挖掘闲散的社会劳动力,便于农战。然则父子同居的事,在其他诸侯国家也是很普遍的情况,何以要用法令的形式特别加以禁止呢?追本溯源,"父子无别,同室而居"的根本原因不在于"父子无别"而在于"男女之别",这就是商鞅所说的戎、狄之教。原来秦人久居西戎,习俗也与戎人同。中原诸国是华夏民族,男女之间有一定的礼仪束缚。戎、狄男女之间的关系则比较随便,秦人也如此。据后世民族学者研究,戎、狄之男女婚姻,父死子妻其后母者有之,叔亡妻以婶者有之,兄殁通之嫂者有之,不一而足。以中原华夏文化的标准看,这些无疑是落后野蛮的陋俗。新法严格禁止,使之终得革除,故商鞅特标举之,作为自己治秦的一大政绩。

商鞅引以为豪的另一大政绩是"大筑冀阙",之所以要特别标举出来,是有含义的。秦迁都咸阳,商鞅亲自督造咸阳宫。咸阳宫以北阙为正门,称为"冀阙"。冀在古代九州中指中国北部正中的地区。阙是皇宫专设的门观建筑,建在宫门之前,下为高台,上起楼观。"冀阙"是当时咸阳城中重要的建筑物,商鞅变法出台的新法令,就在"冀阙"的墙上公布,晓谕天下。"冀阙"的命名,也有其深刻的含义。

总之，"冀阙"不是简单的建筑物，还隐含着深刻的思想文化内涵，因而商鞅十分得意于自己"大筑冀阙"。

从这两件事看，商鞅变法不仅在经济、军事上使秦国变得富强，还在改革风俗习惯等方面多有建树，使秦国文化迅速向华夏文化靠拢。商鞅此举，贡献之大，不亚于其他各项经济改革取得的成效，所以他才举以自豪。

赵良听了商鞅的这番表白，并没有露出十分佩服的样子，又不便当面反驳商鞅的话，只好转弯抹角打了一比方。他说："一千张羊皮加起来也不如一块狐裘珍贵；千人唯唯诺诺，不如一人直言相谏有益。历史上的周武王因为善于接受别人的规劝而兴，殷纣王以固执而亡。你如果不反对周武王，那我就可以直言抒发我的见解而不会担心被诛杀了。"

赵良为了避免被"诛"，采取了以退为进的策略，先用言语堵住商鞅的口。表面上恭维地将商鞅比作周武王，实际上心里早把商鞅认作残暴的商纣王。果然，商鞅表态说："古语早就说过：'貌言华也，至言实也，苦言药也，甘言疾也。'先生果肯终日正言，那就是我的药啊。我愿意接受先生的教诲。"

有了商鞅的这番保证，赵良便大胆表白了自己的意见。他说："五羖大夫百里奚原来不过是楚国一个身份卑贱的人。他听说秦穆公求贤若渴，很愿意来秦国效力，苦于没有财资不能成行，就卖身给秦国的客人，给人家放牛。一年后，秦穆公将他从牛口下解救出来。百里奚辅助秦穆公六七年，取得了很大的功业。他向东伐郑，三次帮助晋国确立了国君（指晋惠公、晋怀公、晋文公），一次解救了楚国亡国之祸。他的教化行于封内，巴人前来进贡，仁德施行于诸侯，远方的戎人悦服。戎王由余闻悉百里奚的声名后，大老远跑来请见。五羖大夫当政的时候，即使劳累也不坐车，暑热天也不叫人替他打伞遮阳。在国中视察，后面不跟车队随从，也无人持干戈保卫。他把自己的功名藏在府库里，而将德行施于后世。五羖大夫的死讯传出后，秦国的老百姓伤心流泪。唱歌的童子停止了唱歌，舂谷的人停下了手里的杵。这是受五羖大夫的仁德感召所致啊。"

商鞅以五羖大夫与自己比较，赵良便举出五羖大夫的功德作为回应。他说五羖大夫的功业主要有：第一，"东伐郑"。第二，"三置晋国之君"。第三，"一救荆国之祸"。第四，"发教封内，而巴人致贡；施德诸侯，而八戎来服"。应该说五羖大夫的功业也够大的了，但是他居功不傲，表现出极大的"仁德"。出门不坐车，不带警卫。不讲排场，爱惜民力。所以人民怀念他。赵良这番话显然是针对商鞅说的，接着他便进入了主题："你晋见秦王靠的是嬖人景监的引见，名声不是太好。当政不以百姓的利益为重，大筑冀阙之类的事，劳民伤财，怎么称得上功业呢？将太子的师傅处以黥刑，以酷刑残害百姓，这是在积怨招祸。百姓畏惧新法过于国君的命令，只知法令而不知君令。在内你以旁门左道的一套东西来建立自己的威权，在外你改易国君的命令，怎么称得上是'教'？你自己南面称寡人，而天天约束秦国贵公子的行动。《诗》上说：'相鼠有礼，人而无礼。人而无礼，胡不遄死。'从《诗》上看，你的行为不是在为自己求寿。被你处过刑的公子虔闭门不出已经八年了。你又杀死祝懽，处公孙贾以黥刑。《诗》上说：'得人者兴，失人者崩。'从这几件事看来，你实在是不得人心。"

这里，赵良列举了诸多商鞅不如五羖大夫的地方：第一，通过走嬖人景监"后门"的方式见到秦孝公，名声不佳。第二，当政后，劳民伤财，大兴土木营建咸阳宫前的"冀阙"，算不上什么大的功业。第三，以严厉的刑罚残害太子师傅和百姓，为自己招致了怨恨和祸害。第四，新法树立了自己的权威，降低了国君的威信，这等于架空了国君，破坏了传统的"教"。第五，自己得到了于、商十五邑的封地，在那里称王，却刻薄地对待秦国的贵公子。第六，先是处罚公子虔，害得他闭门不出已经八年，现在又杀死祝懽，处公孙贾以黥刑。这是不得人心的做法，不会有好结果。赵良还指出，五羖大夫行于国中，用不着带随从车队，不操干戈，这是有德行的表现，原因是人民爱戴他，他无须担心有人会加害于他。商鞅则不然，每次出门的时候，随从的车辆有十多乘，车上满载着武器，有身材魁梧的大汉做保镖，还有持矛操戈的武士在车的两旁负责保卫。这些条件中，只要有一个不具备，商鞅就不敢出门。赵良引用古代的《书》中语说："恃德者昌，恃力者亡。"一味依靠武力是靠不住的，要靠德才能服人。赵良还直言无忌地对商鞅说："你的危险就在眼前，还能希望延年益寿吗？"那么有何办法消除化解眼前的这种危险？赵良提出了自己的建议："你何不归还于、商十五都封邑，隐居到鄙野的地方去灌溉园圃度过余生呢？你应该劝秦王重用在野的贤能之士，养老存孤，敬爱父兄，序有功，尊有德，这样无论是于国或于你个人，都可以稍稍获得安定。你如果还是贪恋于、商十五都封邑之富，一意孤行，只会使百姓的怨恨越积越深。一旦现在的秦王死去，像你这样对秦人没有恩义的人肯定会被收拾。你如不信，我可以跷足而待。"

仔细分析赵良的这个建议，实际上包含两层意思：一是要商鞅归还封地给秦君，自己隐居起来，做一个田园翁浇园灌地过活，不再过问政治，这是明白无误告诉商鞅，退出改革的舞台，才能保全身家性命；二是让商鞅劝秦王改弦更张，不再用法家的一套治理国家，而用仁德治国，否则等到支持变法的秦王一死，商鞅绝不会有好果子吃，并预言他的死期已不远了，赵良甚至可以"跷足而待"。赵良的这番话与其说是建议，还不如说是警告来得确切。

商鞅是一个坚决彻底的改革者，要他放弃自己的理想和奋斗目标，当然是不可能的。赵良的话并没有打动他，商鞅表示"弗从"。

从商鞅与赵良的长篇谈话中，至少可以知道这么几个信息：商鞅的改革沉重打击了旧贵族的势力，旧贵族利益集团与商鞅的积怨极深，且两者的矛盾无法调和，也是不可能调和的。赵良不愿意与商鞅合作就是一个很好的例证。同时，赵良的警告绝非危言耸听之词。旧贵族一直在等待时机进行反扑。这一点商鞅心里也是清楚的，故每次出门都小心翼翼，带着身材魁梧的保镖，随从的车辆有十多乘，车上满载着武器，还有手持矛戈的武士在车的两旁负责保卫。这些保卫措施稍不完备就不敢出门。如此这般，哪像是在自己的国家出行，分明像是出入虎狼之群。可见改革虽然把秦国变成了强大的国家，但是改革者把自己与原来的利益获得者及广大百姓严重对立起来，也非上策。比起五羖大夫的轻装出行，商鞅的"全副武装"真是可悲可叹。商鞅新法把广大的人民治理得俯首帖耳，但对于太子犯法，却徒唤奈何，只好找他身边的老师等人做替罪羊。这虽是历史的局限，不能离开时代背景苛责古人，但也为商鞅的杀身之祸埋下了祸根。商鞅新法奖励军功，收回那些没有军功贵族的特权。规定爵秩与封地的管理权脱钩，另外由政府任命官吏代表中央行使管理权。这些应该说是不错的办法，问题是商鞅本人却接受了于、商十五邑的封地，在那里"南面称寡人"，带头破坏了自己定下的法令，难免招来非议。赵良的话虽有人身攻击的成分，但也不是毫无根据。

秦孝公二十四年（前338），孝公生病倒下了。对于商鞅对秦国的贡献，孝公是最清楚不过了，可以说，没有商鞅就不会有秦国现在的富强。孝公自知病势严重，即将不起，想把君位传给商鞅，商鞅辞而不受。

不久，秦孝公便死了。继位的是太子驷，即秦惠文王（又称秦惠王）。惠文王当太子时曾犯法，与商鞅结下过冤仇。商鞅见此情景，决定引退告归，回到了自己的封地。

商鞅虽隐退了，但原先与商鞅结下怨仇的旧贵族，如公子虔等人，却并不因此而放过他。相反，他们弹冠相庆，认为报复的机会来了，不容错失。旧贵族中有的向惠文王诬告商鞅图谋造反，有的主张立即将其抓起来杀掉，以除后患。他们对秦惠文王说：大臣的权力太重，国家就危险。左右臣属太亲，国君就危险。现在秦国的妇女孩子都只知说商鞅之法，不说君王之法。商鞅反客为主，君王好像变为臣了。况且，商鞅本来就是君王的仇人，希望君王及早将他收拾。

秦惠文王身边到处是说商鞅坏话的人，在他们的多方煽动下，秦惠文王派人去逮捕商鞅。商鞅听到这个消息后，没有办法，只得带了老母和"私属"出逃，一直逃到关下，想找个旅店住下，一来休息，二则考虑下一步该如何走。旅店主人没有认出眼前这位落魄的客人就是昔日国内一人之下、万人之上的商鞅，要他们出示官府开出的凭证（类似后世的通行证），又对商鞅说："商君的法律条文里明文规定，客人没有凭证是不能住旅店的，还要被抓起来坐牢。如果我收留了你们，我也要坐大牢的。"此时的商鞅英雄末路，仰头望着悠悠苍天，长叹一声："天呀！我立的法竟然有这么多的弊病。"真是造化弄人，商鞅立的法到头来反害了自己，这是商鞅万万没有想到的。

这一声长叹引发后人无穷的遐思，难道商鞅之意是"早知今日，何必当初"？抑或已认识到此法严酷，不够完善，有弊病？其实这个问题，商鞅的后辈韩非已经回答过了：法家一派人物中，申不害是"徒术而无法"，商鞅是"徒法而无术"，实际上两者的毛病正相同。申不害教韩昭侯用术取得了一定的成效，因为没有制度化的法律条文约束，奸臣还有空子可钻。商鞅有明确的法律条文可以执行，却无权谋之术，不知道奸人奸事，那等于帮助奸人作恶罢了。

再说商鞅在秦国既已不能容身，便想到了出奔魏国。魏是秦的近邻，出了秦境便是魏国。魏国又是商鞅从事政治活动的起始点，当年商鞅正是在魏看到秦的招贤榜而投往秦的。可让商鞅想不到的是，魏国守境官襄庇不接纳他，襄庇说："以你对待公子卬这件事，我就知道你是无道的人。"襄庇认为他是不讲信义的小人，拒他于国门之外而不纳。商鞅又想借境出奔他国，魏国人也不同意。魏人说："商鞅，秦之贼。秦强而贼入魏，弗归，不可。"魏人甚至想把商鞅抓起来遣送回秦国。

于是，商鞅只得再回秦国，逃回自己的封地商。商鞅和他的徒属征发封地内的人当兵，准备反抗。但是商鞅变法以后，全国已有统一的军事组织，军权掌握在国君手中。商鞅在封邑内只征发到少数人，由他带领着攻击郑邑（今陕西华县）。秦军从后面追来，击败了商鞅的小股人马。商鞅被俘，在郑之黾池被处死，用的是残酷的刑罚"车裂"。秦惠文王警告世人说："以后如有人造反，就是商鞅这般的下场。"又下令"灭商君之家"。

一代改革家商鞅就这样结束了他的一生。

商鞅的功过评说

商鞅虽然被杀了，但是有关商鞅的话题并没有结束。商鞅一生的功过是非留待后人评说，而且两千多年来一直没有停止过。有从战国晚期的韩非到 20 世纪 70 年代"评法反儒"，对其赞誉有加的。也有像司马迁那样说他"天资刻薄"的，认为他"卒受恶名于秦"，是自作自受。种种评价，代不乏人。可见，历史上对商鞅有着褒贬截然相反的评价。

先看历史上肯定商鞅有功于国家和人民的一些评论。

大约在商鞅变法一百余年后，荀况到过秦国，亲眼看到了秦国的政治、经济、军事等方方面面的情况。当范雎问荀子关于秦国的观后感想时，荀子回答说：秦国的地形险要，便于固守。山林川谷美，天材之利多，这是"形胜"。入其境，观其风俗，百姓朴实，声乐不淫邪污浊，服饰不轻佻妖艳。人民对官府恭敬顺从，各级政府中的官吏也恪尽职守，士大夫不结党营私，朝廷安闲，从不积压拖延公事，表面看上去好像没有什么事似的。"故四世有胜"，并不是侥幸得来，而是有原因的。四世，指秦孝公、秦惠王、秦武王、秦昭王。四代以来的大好局面，是从秦孝公时开创的，所以说"四世有胜"是商鞅的政绩。荀子的学生韩非对商鞅的功绩

114

评价也很高,《韩非子·和氏》篇说:

> 商君教秦孝公以连什伍,设告坐之过,燔《诗》《书》而明法令,塞私门之请,而遂公家之劳,禁游宦之民,而显耕战之士。孝公行之,主以尊安,国以富强。

韩非的同学李斯在他的《谏逐客书》中也说:

> 孝公用商鞅之法,移风易俗,民以殷盛,国以富强,百姓乐用,诸侯亲服,获楚、魏之师,举地千里,至今治强。

韩非与李斯同属法家人士,他们都肯定商鞅变法,使国家富强,人民殷盛。又《战国策·秦策一》曰:

> 卫鞅亡魏入秦。孝公以为相,封之于、商,号曰商君。商君治秦,法令至行,公平无私,罚不讳强大,赏不私亲近,法及太子,黥劓其傅。期年之后,道不拾遗,民不妄取,兵革大强,诸侯畏惧。然刻深寡恩,特以强服之耳。……惠王车裂之,而秦人不怜。

这里举说商鞅治秦的功绩主要是:法令公平无私,使秦国人民道不拾遗,兵革强大,诸侯畏惧。但同时也指出,商鞅为人"刻深寡恩",靠的是强权威慑,所以后来被秦惠王车裂,秦人并不同情他的遭遇。

汉朝初年的贾谊在著名的《过秦论》中谈到商鞅时说：

> 秦孝公据殽、函之固，拥雍州之地，君臣固守，而窥周室，有席卷天下、包举宇内、囊括四海之意，并吞八荒之心。当是时也，商君佐之，内立法度，务耕织，修守战之具；外连衡而斗诸侯。于是，秦人拱手而取西河之外。孝公既没，惠文、武、昭襄蒙故业，因遗策，南取汉中，西举巴、蜀，东割膏腴之地，北收要害之郡。……

贾谊也指出，秦国后来能够消灭六国，统一天下，"席卷天下，包举宇内"，正是靠商鞅打下的基础：内立法度，提倡农战，外连衡而制诸侯。后来的惠王、武王只不过是继续实行商鞅的政策而已。

司马迁的《史记·商君列传》记载商鞅的功绩，说：

> 秦民大说（悦），道不拾遗，山无盗贼，家给人足。民勇于公战，怯于私斗，乡邑大治。

司马迁从民风民俗等几个方面肯定了商鞅治理秦国的政绩。西汉昭帝始元六年（前81），朝廷把各地推荐来的知识分子代表六十多人召集到京师，和朝廷的一部分官员讨论盐铁国营和酒类专卖等财政政策。这是一次王道与霸道两条政治路线面对面斗争的会议。这场辩论曾经把对商鞅变法的评价问题作为其中一个主题，见于桓宽的《盐铁论·非鞅》

篇。桓宽尊崇儒家，反对法家，因此这篇记录以"非鞅"为题目。争论的双方，一方以御史大夫桑弘羊等人为代表，另一方即从各地招来的"贤良文学"之士。争论的焦点，就是商鞅变法的功过问题。"大夫"一方认为，秦之所以能够"王天下"，是商鞅变法的功劳。大夫说：

> 昔商君相秦也，内立法度，严刑罚，饬政教，奸伪无所容。外设百倍之利，收山泽之税，国富民强，器械完饰，蓄积有余。是以征敌伐国，攘地斥境。不赋百姓，而师以赡。故用不竭而民不知。地尽西河而民不苦。盐、铁之利，所以佐百姓之急，足军旅之费，务蓄积以备乏绝，所给甚众，有益于国，无害于人。百姓何苦尔，而文学何忧也？

桑弘羊等人认为，正是因为秦国任用商鞅，才得以国富民强，最后一一消灭六国，统一天下。"文学"方则针锋相对，指出：

> 商鞅以重刑峭法为秦国基，故二世而夺。刑既严峻矣，又作为相坐之法，造诽谤，增肉刑。百姓斋栗，不知所措手足也。赋敛既烦数矣，又外禁山泽之原，内设百倍之利。民无所开说容言。崇利而简义，高力而尚功，非不广壤进地也。然犹人之病水益水而疾深。知其为秦开帝业，不知其为致亡

道也。

文学之士指责商鞅变法抛弃了"道"而使用"权"，废弃"德"而信任"力"，重利而轻义，讲究"力"而重视"功"。商鞅变法，加重了刑罚和赋税，造成"秦人不聊生，相与哭孝公"的局面。全国上下，人人对他有怨，家家对他有仇。他虽然使秦国一时强大，最终却将秦引上了灭亡的道路。

后世对商鞅及其变法的评价都不超出此范围。一派认为商鞅有功于秦国，肯定他在历史上的功绩。如汉代的思想家王充在《论衡·书解》篇说："商鞅相孝公，为秦开帝业。"三国时的刘备也认为，读《商君书》可以"益人意智"。宋代的政治家王安石也曾以商鞅自比，问宋神宗："秦孝公能'择术济事'，陛下比他如何？"期望宋神宗能仿效秦孝公变法的心情可见一斑。王安石有《商鞅》诗一首，诗中说："自古驱民在信诚，一言为重百金轻。今人未可非商鞅，商鞅能令政必行。"王安石用商鞅"徙木赏金"的故事，说明商鞅变法时，令出必行，他的一句话比一百金的分量还要重。王安石认为，今人没有理由诽谤商鞅，可见王安石对商鞅的评价很高。明代的李贽认为："商君相秦……卒至富强，而令秦成帝业。虽然杀其身，而终不能不用其法。"显然，商鞅死后，秦国的历代国君都是按照商鞅所制定的政策施政的，所以到秦始皇时能够统一中国，这些应该说都是商鞅政策的进一步发展。

另一种看法认为商鞅在人格上有缺陷，且过大于功。《史记》太史公言："商君，其天资刻薄人也。迹其欲干孝公以帝王术，挟持浮说，非其质矣。且所因由嬖臣，及得用，刑公子虔，欺魏将卬，不师赵良之言，亦足发明商君之少恩矣。余尝读商君《开塞》《耕战》书，与其人行事相类。卒受恶名于秦，有以也夫！"司马迁认为商鞅是个残忍、少恩、严酷的人，他对于商鞅通过秦孝公宠臣获得重用、处罚公子虔、欺骗公子卬等做法很有看法。

贾谊说："商君违礼义，弃伦理，并心于进取，行之二岁，秦俗日败。"将秦风俗败坏归咎于商鞅。

桓宽也说："今商鞅反圣人之道，变乱秦俗，其后政耗乱而不能治，流失而不可复。"

商鞅轻罪重罚，甚至滥用酷刑，招致普遍的怨恨，《旧唐书》的编撰者将商鞅、李斯列为酷吏。

苏东坡认为商鞅变法导致了"破国亡宗"。

对历史人物的评价不能够脱离历史人物所处的历史条件和历史环境。应该实事求是，按照他们的本来面目加以叙述和论证，功是功，过是过，不虚美，不隐恶。主要看他在当时特定历史条件下所起的作用，对发展社会生产力究竟是起促进作用还是起反作用，对人民的态度如何，等等。同时，历史人物又有复杂的一面，不能够简单地说他好还是坏。对于商鞅的评价也应如此。

首先，看商鞅未去秦国前，秦国的社会状况。当时的秦国，明显落后于其他诸侯国家。秦的邻国魏国和楚国实力仍强于秦。魏国自魏文侯任用李悝变法以后，国力强盛。魏文侯又以吴起为将，夺取了秦的河西地区，且在洛水东岸修筑了长城，一直以来都是秦的心腹之患。南面的楚国，地广人多，物产丰富，也时刻威胁着秦的安全。在政治上，其他诸侯国也不把秦国放在眼里，视其为"戎""狄"之邦，诸侯会盟时往往将秦排除在外。当时的秦国国君秦孝公决心发奋图强，改变秦国落后的局面。

为此，秦孝公向全国颁布了他的《求贤令》。秦孝公在求贤令中，先是回顾了秦穆公开拓疆土、称霸西戎的光荣历史，又道及了厉公以后秦的萎靡不振、国土沦丧、诸侯鄙视的局面。认为秦献公变法，开了一个好头，使国家有了起色。表明秦孝公决心沿着秦献公改革的道路继续走下去，因而不惜以高官厚爵、土地作为奖赏，招徕国内外贤明之士。商鞅就是在这样的背景下来到秦国，开始了他近二十年的政治生涯。

其次，再看经过商鞅变法以后的秦国状况。商鞅前后进行了两次变法，使秦国社会的各个方面都发生了重大变化。

在政治上，商鞅的两次变法，沉重地打击了奴隶主贵族的势力，壮大了新兴地主阶级的力量，在秦国确立了封建制度。商鞅又制定了严刑峻法，防止人们"作奸犯科"。这就为巩固封建统治秩序、发展经济奠定了基础。

在经济上，商鞅新法废井田、开阡陌，从此井田制在秦国从法律上被废除了。同时，商鞅新法还规定奖励开垦荒地，承认土地私有，允许买卖土地，按地的多少征收赋税。这些措施极大地促进了秦国社会经济的发展。

在军事上，商鞅新法奖励军功，按军功的大小授予士兵不同的官爵。这些措施实行以后，使秦国"兵革大强，诸侯畏惧"。人民勇于公战，而怯于私斗。秦国一改旧貌，成为当时诸侯国中的一等军事强国。

在思想意识形态方面，商鞅新法禁止各种不利于"农战"的学说，务使人民专心于农耕和军事，取得了很大成效。

商鞅变法是战国时期各国变法运动中最彻底、最全面的一次变法。商鞅个人所起的作用不容低估。后来商鞅虽然死了，但是秦法未败。商鞅所制定颁布的法律深入人心，连妇女、儿童都耳熟能详。通过前后对比，我们不难发现秦国由过去的贫穷落后国家，一跃而成为当时诸侯国中最先进、最富强的国家，为以后的秦始皇统一中国奠定了基础。从这个意义上说，商鞅个人对当时历史的发展起了推动作用，无愧为中国历史上杰出的政治家。

但毋庸讳言，商鞅作为政治家，他的投机性是显而易见的：为达目的，不择手段。他所做的一切都是为了博取功名利禄。他立木取信，强调信是立法之本，但他却对旧友公子卬背信弃义，且不以为耻。商鞅所立严刑峻法，莫如说是秦人的枷锁，民众只是敢怒不敢言罢了。商鞅是一个利己的投机政治家，他知道怎样用"法"博取功名，却不知道"得民心者得天下，失民心者失天下"的道理。

第5章

商鞅及其后学派的著作

商鞅所处的战国时代，正是历史上"百家争鸣"的时期。诸子著书立说的风气很盛，商鞅作为法家的代表人物，也不例外。他在相秦前后几十年间，在卫、魏游学求仕，在秦主持变法，有充足的时间和条件著书立说，因而著有诸多阐述他思想的作品。

商鞅的著作

据《汉书·艺文志》记载，商鞅不仅著有政书（《商君书》），而且还著有兵书。《汉书·艺文志》载兵家有《公孙鞅》二十七篇，入"权谋"类。所谓权谋，班固解释说：

"权谋者，以正守国，以奇用兵，先计而后战。兼形势，包阴阳，用技巧者也。"秦孝公二十二年（前340），商鞅率领秦军与魏军战，俘虏魏军统帅公子卬，正是"先计而后战""以奇用兵"的范例。

《汉书·刑法志》又说："吴有孙武，齐有孙膑，魏有吴起，秦有商鞅，皆禽（擒）将立胜，垂诸篇籍。"班固将商鞅与吴国的孙武、齐国的孙膑、魏国的吴起这些著名的军事家并列，而且说他们都有军事著作传世，"垂诸篇籍"。孙武的《孙子兵法》现存。孙膑的《孙膑兵法》也已在山东银雀山汉墓出土。吴起的兵书原有四十八篇，现存六篇。唯独商鞅的军事著作已全部亡佚。

商鞅还著有农书。《汉书·艺文志》载："诸子：农家，《神农》二十篇。"班固自注："六国时，诸子疾时怠于农业，道耕农事，托之神农。"颜师古《注》引刘向《别录》说："疑李悝及商君所说。"依班固之意，《神农》这部书有二十篇，并非真为神农所著，而是六国时期的诸子托神农之名而著的。诸子有感于当时的执政者不重视农业，所以才"道耕农事，托之神农"。班固以前的学者刘向在他的著作《别录》中怀疑此书是李悝或商鞅所作的。刘向的说法不是没有根据的。六国时，并不是所有的"子"都重视农业，只有农家和法家特别重视。法家的李悝在魏国、商鞅在秦国都主持过实际工作。他们特别强调国家要富强，靠的是"农战"。刘向在领秘校书（整理皇家图书工作）时，曾亲见此书，据内容疑其为李悝或商鞅的著作。

由此可见，商鞅不仅是思想家、政治家，而且还是军事家和农学家。可惜商鞅的军事、农业著作，全部都已失传，我们已经看不到了。

商鞅与《商君书》

商鞅现存的著作有《商君书》二十四篇。此书的情况比较复杂，其中有商鞅遗著，也有商鞅死后商鞅后学者的著作。因此，有必要分析《商君书》一书的流传及其篇目真伪的问题。

先说《商君书》的流传。《商君书》在战国末期已经开始在社会上流传。《韩非子·五蠹》篇说："今境内之民皆言治，藏商、管之法者家有之。"韩非所说的"商、管之法"，指商鞅、管仲的著作。这大概也是《商君书》的原始本。《淮南子·要略》提到了"商鞅之法"。《淮南子·泰族》篇把"商鞅之《启塞》"与"韩非之《孤愤》"并提。《启塞》即《商君书》中的一篇，古书往往可以单篇别行。司马迁的《商君列传》说："余尝读商君《开塞》《耕战》书，与其人行事相类。"《开塞》即《启塞》,《耕战》也即《农战》。可见,《商君书》在西汉已经很流行了。至于书名尚无定称,称"商之法"或"商鞅之法",或者单举篇名而已。

东汉的班固据刘歆的《七略》而成《汉书·艺文志》,在法家类著录"《商君》二十九篇"。《诸葛亮集》开始称《商君书》。此后《隋书·经籍志》《旧唐书·经籍志》《新唐书·艺文志》都著录《商君书》五卷,未言篇数。不过,《新唐书·艺文志》又说:"或作《商子》。"称商鞅之书为《商子》始见于此,但实际称《商子》可能还要早一些。

宋代以后,《商君书》多被称为《商子》。如宋代目录学家陈振孙在《直斋书录解题》中著录《商子》五卷,又说:"《汉志》二十九篇,今二十六篇,又亡其一。"宋代另一个目录学家晁公武在《郡斋读书志》中也著录《商子》五卷。但宋代著名历史学家郑樵的《通志·艺文略》仍称此书为《商君书》。晁公武与郑樵都说:"汉有二十九篇,今亡三篇。"据此可知,此书流传到宋代时,亡佚了三篇,只有二十六篇了。陈振孙说"今二十六篇,又亡其一",意思是只有二十五篇,与郑、晁所说不同。大概郑、晁所见传本与陈振孙所见传本不同。

清代的严万里(严可均)也称此书《商君书》。严万里校本"总目"后说:"余得元镌本,始《更法》,止《定

126

分》，为篇二十六。中间亡二：第十六，第二十一。实与今所行范钦本正同。"这里说的"范钦本"，即明代著名的宁波天一阁藏书楼主人范钦的藏本。清代通行的便是此本。从严万里所得的元本看，《商君书》从元代起便为二十六篇，其中第十六篇有目无文，第二十一篇则无目无文，实际上只有二十四篇。

《商君书》在流传的两千多年中，从汉代的二十九篇，到现在所能看到的二十四篇，实际上亡佚了五篇。以上就是《商君书》流传的大致情况。

关于商鞅与《商君书》的关系，宋代以前学者多认为商鞅就是《商君书》的作者。自宋代以来，学者开始怀疑《商君书》不是商鞅自撰的著作。如宋代学者黄震在他的《黄氏日抄》中说："《商子》者，公孙鞅之书也。始于垦草，督民耕战。其文繁碎，不可以句。至今千载以下，犹为心目索乱，况当时身被其祸者乎？……或疑鞅亦法吏之有才者，其书不应烦乱若此，真伪殆未可知。"

黄震认为商鞅是个有才的法吏，不会写出这样繁乱的文章，所以此书的真伪难以论定。马端临在《文献通考·经籍考》中引《周氏涉笔》说："《商鞅书》亦多附会后事，拟取他辞，本非所论著也。其精确切要处，《史记列传》包括已尽，今所存大抵泛滥淫辞，无足观者。……凡《史记》所不载，往往为书者所附会，而未尝通行者也。"

《四库全书总目提要》卷一〇一《子部·法家》类说："今考《史记》称秦孝公卒，太子立，公子虔之徒，告鞅欲反，惠王乃车裂鞅以徇；则孝公卒后，鞅即逃死不暇，安得著书？如为平日所著，则必在孝公之世，又安得开卷第一篇即称孝公之谥？殆法家者流，掇鞅余论，以成是编。犹管子卒于齐桓公前而书中屡称桓公耳。"

黄震提出今本《商君书》中，文章繁乱，许多地方简直读不成句，以此判断这不是商鞅的著作。这是凭主观臆断得出的结论。《商君书》在流传过程中，由于传抄翻刻的疏忽，造成错乱残缺的现象很多，显然不能凭此断定其是否真为商鞅所著。周氏以书中多附会后事，断定其非商鞅所作，确为卓见。但他并未举出何为后事。周氏又说商鞅书中精确切要处，司马迁已经写进《商鞅列传》了，今本凡《史记》所无者，皆后人依托所作。四库馆臣认为，秦孝公死后，商鞅为了躲避迫害，逃死都来不及，哪里还有闲工夫著书立说？如果他是在秦孝公之世写的，为何第一篇《更法》中直接称孝公的谥号？孝公是谥号，死后才有。可见今本《商君书》是商鞅以后的法家"掇鞅余论"编成书的。实际上，书中称孝公谥号的，只见于第一篇《更法》，我们也可以理解为这一篇是后来编辑此书的人附入的，似不能推断其他各篇也都如此。商鞅相秦前后有几十年时间，尽可著书，不见得要等到秦孝公死后亡命之时才动手写作。

上面是宋代以来怀疑《商君书》作者并非商鞅的几种观点。近人胡适更是说得明白，认为今本《商君书》都是后人假造的。他在《中国哲学史大纲》中说："今世所传《商君书》二十四篇，乃是商君死后的人所假造的书。如《徕民篇》说：'自魏襄以来，三晋之所亡于秦者，不可胜数也。'魏襄王死在西历前二九六年，商君已死四十二年，如何能知他的谥法呢？《徕民篇》又称'长平之胜'，此事在前二六〇年，商君已死七十八年了。书中又屡称秦王，秦称王在商君死后十余年。此皆可证《商君书》是假书。商君是一个实行的政治家，没有法理学的书。"

胡适举《商君书》中《徕民篇》的例子，确为铁证。但以此推断《商君书》全书二十四篇皆为后人假造，论据尚不充分。正如刘汝霖所指出，《四库提要》因首篇称孝公谥，而怀疑全书，未免武断。汉人搜求遗书，以多为贵，得记载著书人事迹之资料，往往采入而置篇首。如《公孙龙子》首篇之《迹府》，《韩非子》首二篇之《初见秦》《存韩》。《商君书》首篇《更法》也是同样的例子。《徕民篇》如胡适所说，虽非商鞅自著，但也不是后人有意假造的。篇内言"今三晋不胜秦四世矣"，又屡称王称臣，可知此是秦昭王时秦臣论政之言，为编《商君书》者采入。罗根泽的《商君书探源》以为此书成书年代距商鞅之死已有百年上下。既相距百年，则其直接之徒属已死，自也不出其手。或者作于间接徒属，赞成商鞅之说者，采摭其遗言遗教而加以阐发以成的。

近几十年来，高亨、郑良树等学者通过对《商君书》逐篇分析研究，在了解商鞅与《商君书》关系的研究上取得了很大的成绩。看来要了解商鞅与《商君书》的关系，必须对《商君书》各篇的内容仔细分析，才能有全面的认识。现折中各家之说，对《商君书》各篇的内容和主旨加以分析研究。

《更法》第一。"更"即"变"的意思，更法也就是变法。这一篇记述了商鞅和甘龙、杜挚在秦孝公面前争论变法的问题。商鞅主张变法，甘、杜则反对变法。双方都各自举出理由争论是否要变法。最后秦孝公听从了商鞅的意见，决定变法。这一篇中出现了秦孝公的谥号（死后才有），若是当时之作，不可能如此称孝公，所以后世怀疑此篇不是商鞅的著作。郑良树认为商鞅在世时当有所著作，《更法》将当日大辩论记述得那么详尽，虽然不见得是商鞅亲著，但肯定应该是商鞅看过并审定而成的。文中出现秦孝公的谥号，当是秦孝公死后才作的记述。秦孝公死后，不久商鞅也遭车裂了。因而此篇就算不是商鞅亲自写就或审定而成的，也当是商鞅徒属作，与商鞅关系密切无疑。

《垦令》第二。高亨说"垦令"二字的含义应是关于耕垦荒地的命令，但从这篇文章的语气来看，并不是国君的命令，而似商鞅的方案，恐是后人追题篇名，弄得不确切了。文中提出了开垦荒地、促进农业生产、发展经济的二十条措施，集中体现了商鞅的农战思想。它的主要内容是：第一，加强国君集权。统一国家法令、制度，实行"百县之治一形"。建立一个官属少而精练的行政机构，能够及时贯彻国家的法令，起到沟通上下的作用。禁止大臣、大夫到各处闲居游逛，谈论学术，必须"皆得无为"。第二，限制旧贵族的特权，抑制商人，加重赋税、徭役。控制粮食买卖，禁止大家族雇用佣工，提高酒肉的价格。国家统一管理山泽资源等。驱使贵族家里的余子、依附于贵族及商人的食客、游民等闲散劳动力去开垦荒地，这样就可以最大限度地挖掘多余劳动力参加农业生产。第三，采取重刑连坐的办法，一人有罪，亲属连坐。这样国内就不会产生褊急、狠刚、怠惰等五种类型的刁民。这些人不生于境内，荒地自然会得到开垦。另外，禁止人民自由迁徙，打击破坏垦荒的奸民，以保证垦令的推行。

《农战》第三。这一篇着重论述推行农战政策的重要意义。文中反复指出农战的重要性：它是治国的要领，是使国家富强的根本，"国之所以兴者，农战也""国待农战而安，主待农战而尊"，只有专一于农战才可以成就王业。为此作者主张国家必须根据人们在农战中的功绩授爵任官。至于不参加农战的儒生、商人和手工业者，他们对于国家的富强没有什么帮助，必须加以抑制。具体的办法是，不让儒生取得官爵，不让商人和手工业者过优裕的生活，以免影响人民从事农战的积极性。要注意的是，这一篇中作者一再痛斥儒家的《诗》《书》《礼》《乐》等"巧言虚道"对国家的严重危害，指出儒家典籍和儒家思想蛊惑民心，破坏农战，直接造成了国贫兵弱。如果任其泛滥，就会使人们"舍农游食，而以言相高"，使"民离上，不臣者成群"，就会使国家灭亡。这些是典型的法家思想，所以司马迁才会说他读了《耕战》（《农战》）后，觉得与商鞅"其人行事相类"，也就是说符合商鞅的一贯作风。因此，这一篇可能也是商鞅的遗著。

《去强》第四。本篇篇名是摘取篇中第一句中的"去强"二字而成。古代典籍中的篇题常常有这种情况。所谓"去强"就是清除对抗法令的强民，即不遵守国家法令的人。文中强调，采用使人民强悍不守法的政策治理强民，国家就会衰落；采用使人民怯弱守法的政策治理强民，国家就会强盛。文中还强调：第一，要重战重农，国家才会强大。第二，要重刑轻赏，人民才不敢犯法。这也是国君对人民最大的爱护，人民才就能为国君效命。相反，重赏轻罚，就是国君不爱护人民，人民也就不愿为国君效命。要轻罪重罚，这样人民就连轻罪也不敢犯了，重罪就更不用说了。用刑的同时也要有赏的措施，用赏赐，能使人得到利益后更积极地卖命。作者认为，对胆怯的人施以严刑，一定会使他们勇敢起来；对勇敢的人施以奖赏，他们就肯为国君效死。胆怯的人勇敢了，勇敢的人肯效死，国家就会强大无敌，国家强大就一定可以称王天下。第三，排斥儒书和儒术。作者认为，国有《礼》《乐》《诗》《书》，有善，有修，有孝，有弟（悌），有廉，有辩这十种东西，国君就没有可用于对外作战的人，国家力量必然会削弱以致灭亡。国家没有这十种东西，国君就有可用于对外作战的人，国家必然兴盛以至于能称王天下。此外，篇中还有户口登记（包括性别、年龄、体格、职业等）、物质登记（粮仓、钱库、牛马、柴草等）及控制国外买卖粮食等方面的措施，都是为农战的目的而制定的。

《说民》第五。这篇论述国君应如何统治民众的问题。文中认为，治理国家应该力求做到"政胜其民"和"法胜民"，只有摈弃"以良治民"的礼治的一套东西，实行"以奸民治"，才能达到"法胜民"的效果。作者认为辩、慧是祸乱的帮凶；礼、乐是导致贵族们荒淫懒惰的缘由；慈、仁是万恶的根源；任、誉是奸邪的藏身之地。祸乱有帮凶，就会四处泛滥；恣行逸乐有了引导，就会盛行成风；罪过有根源，就会不断产生；奸邪有了藏身的地方，就不能制止。有了这八样东西，人民就会破坏政令；没有这八者，政令就能制服人民。政令能够制服人民，国家就会强盛。此外，文中还提出了"治国贵下断"的观点，要求国家做到使下层民众了解国家的法令，并根据法令判断是非，其目的是充分发挥法治作用，使国家的法令家喻户晓。这样，国君就能用法令控制人民，树立威望。

《算地》第六。篇名"算地"，意思是计算、规划全国的土地。本篇着重论述了充分利用土地、调动民众从事农战的意义和方法。作者认为，大力鼓励民众开垦荒地，尽量发掘自然资源，使山林资源得到充分利用，生产出更多的粮食，才能达到富国强兵的目的。为此，国君必须用名利诱导人民，使他们积极从事农战；还要以赏罚的手段，使人们"畏罚""乐用"，疾农力战。同时，又提出要坚决打击"五民"，即谈说之士、处士、勇士、技艺之士、商贾之士，不许他们追求私利，逃避农战。作者认为，实施这些措施，就能改变秦国"民众而兵弱，地大而力小"的状况。从篇中的内容看，有"臣请语其过""此臣所谓过也"等语，可知此篇是作者献给秦君的书奏，所以才会自称臣，抑或后人编书时新编入此篇，是否为商鞅著作不可考。

《开塞》第七。开，打开；塞，阻塞。开塞就是排除障碍。据《淮南子·泰族》记载，此篇原名《启塞》，后人避汉景帝讳（景帝名启），改为"开塞"。本文用发展的历史观点，概括地阐述了古代社会政治状况的变化，指出随着时代和形势的改变，就会有不同的治国原则和统治方法。人类社会由母系社会进入父系社会，由无君到有君，由亲亲自私进入尚贤贵仁，再进入贵贵尊官。由此看来，政治都要为适应社会的需要而改革。既然"世事变而行道异"，那么在治国时就要"不法古，不修今"。如果效法古代，在当时的条件下，国家就要落后；拘守现代，在当前形势下，就要碰壁。历史上的周朝并没有效法商朝，夏朝也没有效法虞舜。三代的形势不同，所以他们采取了不同的治国方式，因而成就了各自的王业。周武王取得政权是用武力手段，而维持政权却用道义。当今的情况是，强国在进行兼并，弱国千方百计自卫，上赶不上虞、夏，下也不能效法汤、武。汤武的道路，在今天已行不通了。既然汤、武之道已经闭塞，那就要开辟新的道路。要摒弃汤、武倡导的"德治""义教"，把刑罚摆在第一位，实行法治。用刑罚统治人民，人民才会害怕。人民害怕了，才不会去犯法。没有了奸邪，社会就平安稳定。用"义"来教导人民，人民就要放肆。人民放肆，国家就会发生动乱。国家乱，人民就不能安居乐业。可见，

"刑"乃是"义"的根本，世俗所谓的"义"，却是残暴的根源。作者的结论是，"胜法之务，莫急于去奸；去奸之本，莫深于严刑"。主张用严刑峻法统治人民，达到国家大治的目的。此篇《淮南子》和司马迁都提到过，很有可能是商鞅的著作。

《壹言》第八。壹，专一；言，论述。本篇所论述的是国家如何使人民专一于农战的政治主张。文中强调治国要"归心于壹"，专一于农战。国家为了使人民能够专一于农战，必须设立赏罚制度，禁绝巧辩谈说，走私人的门路，这样人民就会"喜农而乐战"。人民看到国家重视农业和尊重战士，看到国君轻视巧辩的说客和手工业者，看到国君鄙视游学的人，就会专一于农战。这样，就能够出现"上令行而荒草辟，淫民止而奸无萌"的局面。治国的人如果能够集中人民的力量，专一于农战，国家就会强大。国家鼓励人民从事本业（农业），限制末业（手工业和商业），国家就会富裕。本篇还提到统治者要使"民浑"，即使人民无知无识。人民愚昧，则民风淳朴，人民朴实，就肯务农，务农就容易变勤劳，这是法家倡导的"愚民"政策。这种政治主张不仅在此之前没有，就是在当时也少见，这就是文中所称的"不法古，不修今"。

《错法》第九。错法，就是施行法度。本篇所说的法度，就是以赏赐手段来推行重战政策，取得兵强的效果。推行此举的原因是人民都爱爵禄、追求爵禄，那么国家就以爵禄来诱导人民取得爵禄。那么，以什么标准来赏赐爵禄呢？文中认为，赏赐爵禄如果是"先便请谒"，只讲私人的恩德，不讲功业，采用"贵贵""亲亲"的那一套办法，必然造成"国日削"。作者主张赏赐爵禄要"任其力不任其德"，使臣"用必出于其劳，赏必加于其功"，也就是说国家应该把爵禄颁给有战功的军士，并将此定为法度，在全国公布，使得全国的人民都知道。只有这样，人民才会不惜生命，为国出力。这样的军队与别国打仗可以说是无敌于天下。文中提出的"任其力不任其德"原则，对于打破传统的世卿世禄制有积极的意义。作者指出，明君治国，用这个原则的话，可以"不忧不劳"，而功业可立。度数已立，而法可修。古代的离朱能在百步之外，看见秋天的毫毛，但是不能把他的明目给予旁人。乌获能够举起三万斤的重量，但是不能把他的大力给予旁人。圣人所具有的才能也不可以给予旁人，但是可以借助法度来建功立业。此篇开头说："臣闻古之明君……"作者自称臣，显然是对国君而讲的，看来此篇亦是献给秦王的书奏。又，文中举了"乌获举千钧之重"之例，据《史记·秦本纪》记载，此事发生在武王四年（前307），已是商鞅死后三十一年了。故此篇非商鞅作，甚明。

《战法》第十。本篇主要论述作战取胜的原则，属于军事方面的著作。《汉书·艺文志》的"兵权谋家"著录《公孙鞅》二十七篇，可惜已经亡佚。《商君书》中保存的这一篇和下面的《立本》《兵守》二篇，很可能就是商鞅的军事著作《公孙鞅》一书中的遗篇。《战法》中首先强调政治是决定战争胜负的根本，战争的胜利取决于正确的决策。其次，强调要多方面考察敌我双方力量的情况，做到"论敌察众"，这样才可以预知胜负。第三，作者强调了将帅在战争指挥方面的作用，即"兵强弱敌，将贤则胜，将不如则败"。此外，作者还提出军队在平时要多操练，战时才能派上用场。敌人败退，不要穷追，放其过去。兵法上说："大战获胜，追赶败兵，不要超过十里。小战获胜，追赶败兵，不要超过五里。"打了胜仗，不要骄傲；打了败仗，也不用气馁。之所以战胜不骄傲，是因为自己的战术高明；之所以战败不悔恨，是因为可以认清自己的错误。行军没有遇到敌人，则不可深入敌境，不可陷入险地，不可使士兵过于疲劳。这些论点，是具有朴素唯物论元素的军事思想。

《立本》第十一。立本就是确立强兵的根本。本篇着重论述强兵首先要施行法治。当军队没有动用的时候，要建立法度。法度建立以后，才能养成风俗。风俗养成以后，战守的器物才能具备。其次，通过法治培育人民喜农乐战的风尚。人民有斗志，才肯尽力作战，才能无往而不利，从而无敌于天下。最后，要做好战争的物质准备。国家要积累财富，才能赏赐军功。作者认为，兵力生于政治，而有强弱的差异。风俗生于法度，而有万种转变。国君运用权力，出于一心，又能够造成无往不利的形势。如能够正确处理三者的关系，就可以建立强大的军队了。这三者中，施行法治是具有决定性意义的，"治者必强""治者必富""富者必强"，法治是富国强兵的根本。

《兵守》第十二。兵守就是如何用兵防守。本篇重点论述了防守作战的原则和方法，主要有三个内容：第一，四面受敌的国家要特别注意防守，背面靠海的国家应该注重进攻性的战争。四面受敌的国家如果喜欢兴兵去攻打四邻，那么国家就危险了。因为四周的邻国每个发动一次战争，四面受敌的国家则要发动四次军队应付，这样是很危险的。四面受敌之国最好的办法是做好防卫工作，使别国不敢轻易来犯。第二，守卫城邑时，要注重动员人民誓死与攻城的敌人战斗到底。我方用人民的死力与敌方的生力军作战，坚守城邑，敌人便难以攻破城邑。即使敌人攻破城墙，打进城来，也必定疲惫不堪。我军以逸待劳，用安逸的兵力与疲惫的敌人作战，这叫作以人民的生力与敌人的死力作战。做到这两项，城邑可保无虞。如果做不到，那并不是守军的实力不足，而是负责守城的将帅不行。第三，守城时要把全城的人民动员起来，编成三军。青壮年男子组成一军，青壮年女子组成一军，男女中的老弱人员组成一军。三军各有分工，青壮年男子的这一军，带足食物，磨好兵器，严阵以待。青壮年女子组成的这一军，也带足干粮，背好土笼，听候命令。敌人来犯时，在城外堆土作障碍物，或挖土做成陷阱，以便阻止敌人的进攻。将城外的房屋拆毁，取走房梁，如来不及搬走，则当即烧毁，目的是不留给敌人制做攻城的器械。老弱的一军，都去放牧牛马羊猪，草木中可以吃的东西全拿来吃，留下粮食给青壮年吃。三军各司其职，不得相互往来。因为青年男子到了女子军中，容易动摇军心，勇敢的人也要变得胆怯，如有奸民捣乱，国家就危险了。青壮年到了老弱的军中，也会引起悲伤和怜悯的情绪，影响军队的战斗力。所以严格三军的界限是很有必要的，这也是提高军队战斗力的方法。

《靳令》第十三。靳，就是固的意思。靳令即严格执行法令。本篇的篇名是取篇首二字而来。作者提出"法立而不革"的主张，认为只有严格执行法令，政事才不会拖延。法度公平，官吏中才不会出现奸邪。国君应用刑罚来统治人民，用赏赐来进行战争，要多寻求人民的罪过，不寻求人民的善行。这样国君才会有威信和权威，人民才害怕，奸邪的人才不敢为非作歹。国家要抑制末业（指手工业和商业），摈弃华丽玩好之物，这些东西使人玩物丧志。要鼓励人民从事本业（农业），多生产粮食。朝廷允许他们拿粮食捐取官爵。农民得到鼓励，见有好处可得，便不会懒惰。国家应提倡奖励军功，按照功劳的大小，给予相应的官爵。这样人民才肯为国君出力拼命，军队的战斗力才会提高。有强大的军队作保障，国家的实力也就强大了，与别国争战，何愁不能取胜？为了让人民安心农战，作者提出要提防"六虱"的危害。六种虱子就是《礼》和《乐》，《诗》和《书》，修善和孝悌，诚信和贞廉，仁和义，非兵和羞战。国中有这六种十二种虱子存在，人民就不可能安心于农战，所以必须清除。作者还主张，治国必须重刑少赏。刑罚重，赏赐少，这就是国君对人民最大的爱护，人民也肯为赏赐而牺牲。要注意的是，本篇文字与《去强》《说民》等篇有不少重复的地方，与《韩非子·饬令》篇基本相同。这就引来了一个问题，是《韩非子》因袭《商君书》，还是《商君书》因袭《韩非子》？学者间有几种意见，莫衷一是。有些人肯定此篇是商鞅的著作，其说可从。

《修权》第十四。修权，就是更好地掌握权柄。本篇主要论述了国君要以法掌权的问题。作者认为，要把国家治理好，必须具备三个条件：一是法度；二是信用；三是权柄。

文中在阐述"法、信、权"三者的关系时,认为法度是君臣共同遵守的东西,信用是君臣共同树立的东西,权柄是国君单独掌握的东西。强调国君只有掌握执行法治的权柄,才能取信于民,树立自己的威严。国君失掉权柄,就很危险。君臣抛弃法度,任意妄为,必定要造成混乱。建立法度,明确分界,不以私意损害法度,国家就能太平。国君任用法度,不被人蒙蔽叫作"明",不受人欺骗叫作"察"。这样的国君,赏赐多,又讲信用;刑罚重,又能坚定不移。对疏远的人也重用,对亲近的人也不回避。所以臣下不敢蒙蔽国君,下面的人也不敢欺骗上级。总之,法是区分公私的标准,而为公还是为私,又是决定国家存亡的根本。所以国君必须"任法去私",才能树立威信,防止"国隙""民蠹"的产生。这一切的关键是国君如何操纵权柄。

《徕民》第十五。徕民,就是招来其他诸侯国的人民。本篇论述实行徕民政策的具体措施和这一政策保证统一战争胜利的重大意义。作者分析和总结了历史上秦国对三晋的用兵经验,提出了徕民政策。为什么秦国要招徕三晋的人民?这是因为秦国地广人稀,土地虽然有五个方圆一千里,但种庄稼的土地却不到十分之二,田数不满百万,湖泽、河涧、名山、大川的财富未得到充分利用。秦国的邻国赵、魏、韩,即三晋地区,土地少而人民多。秦国却是土地多人民少，正好把三晋的人民召集到秦国来。三晋的人民过去不愿意到秦国来，是觉得秦国人民的生活实在太苦，赋役又重。秦国经历数次战争，打败了三晋国家，夺取了很多土地，但没有夺取他们的人民。现在秦国如能改变政策，让招来的人民三代都免除田租和徭役，不参与军事；秦国四界以内，岭坡丘岗的土地，让他们开发，十年不征收赋税，他们肯定是很乐意的。为了使他们放心，国家要把这种规定写进法律。给他们土地房屋等好处，同意他们不当兵，这样山东诸侯国的人民没有不愿意来我们秦国的，秦国就能够招来一百万人。秦国原来的人民既要生产，又要打仗，两头难以兼顾。现在让秦国的人专顾打仗，让新招来的人生产粮食，等于是敌国的人民帮助我们攻打敌国。如果采用这个办法，十年之内，诸侯国的人民就是我国的人民了。本篇中提到了魏襄王及周军、华军、长平之战这些史实，都发生在商鞅去世以后。如魏襄王死在公元前296年，此时商鞅已死了四十二年。"长平之胜"发生在公元前260年，商鞅已死七十八年了。书中又屡称"秦王"，秦称王是在商君死后十余年的事了，这些都说明这一篇不可能是商鞅的作品。但胡适以此认为《商君书》是假书，恐也不足信。合理的解释是，此篇当是商鞅后学的作品，是对商鞅农战思想的继承和发展。

　　《刑约》第十六。此篇已经亡佚。

《赏刑》第十七。篇题"赏刑"就是赏赐和刑罚的意思。本篇论述了治理国家的三项重要政策，即壹赏、壹刑、壹教。壹赏，即统一赏赐，把利禄官爵只赏赐给有战功的人。这样国内无论智者愚者、贵贱、勇怯、贤与不肖者，都会用尽他们胸中的智慧，用尽一切力量报效国家。这是一股强大的力量，用以与别国打仗，必然攻城略地，征服他国。虽然施行厚赏会花费巨额的财富，但这些财富都取自战败国，秦国实际上并未付出多少。历史上商汤伐桀、周武王伐纣，用的都是厚赏，即胜利后分割土地，分封诸侯，临阵的士兵都在乡村有了自己的庄园。天下大定以后，战车休息，刀枪入库；马放华山之南，牛放于农泽。到了这时，国家不需要再行赏赐了，所以说：赏赐得当，就可以达到不用赏赐的效果。壹刑，就是统一刑罚。统一刑罚就是要在执行过程中不分等级，不分亲疏厚薄。上自卿相、将军、大夫，下至平民百姓，只要不服从国王的命令，违反国家的法禁，破坏国家的制度，就是死罪，绝不赦免。不管是以前功劳多大的人，还是忠臣孝子，只要犯了法，绝不会因此减轻刑罚。执行法律的人，如果知法犯法，就是死罪，还要加刑于他的三族。官吏犯法，如有人告发，不管这个人的身份贵贱，都可接替原来官长的爵禄。所以说，施行重罚，一人有罪，别人连坐，人们就不敢以身试法了。施行重罚的本意，并不是惩罚、伤害人，而是杜绝奸邪。刑罚既重，人们就畏惧，不敢犯法。国内无人犯法，刑罚就用不上，就等于没有刑罚了。当年的晋文公用重刑杀宠臣颠颉，晋国的人都胆战心惊，认为晋文公连宠臣犯法都不放过，何况一般的人呢？晋文公就这么一次借故行刑，晋国就得到了大治，得以称霸诸侯。在更早的周朝初年，周武王死后，管叔、蔡叔图谋不轨，执政的周公旦杀了管叔，放逐蔡叔。于是，人们议论纷纷，说："亲兄弟犯了法也不能免刑，何况疏远的人？"由此，天下得以大治。这些足以说明，刑罚严明，就可以达到不用刑罚的效果。壹教，就是统一教育。那些博闻多见、有智慧、能辩善言、懂礼乐、讲信誉的人，国家不会给他们富贵，不允许他们在背后私议朝政，批评国家的政策。让这些人在国内没有市场，人们就会知道，想要富贵，只有一个途径，那就是在战争中获得功劳。只有这样，父子兄弟、亲戚朋友才会相互鼓励，大家在一个方向上努力奋斗，专心于战争。国家只需一种教育即可，不需要别的教育，到最后"壹教"也将归结为"无教"。总之，要想把国家治理好，就是要考虑怎样统一赏赐、刑罚和教育而已。本篇中作者有数处自称臣，如"此臣之所谓壹教也""此臣之所谓明教之犹至于无教也""此臣之所谓叁教也"。看来也是作者献给秦君的书奏。

《画策》第十八。画策就是谋划治理国家的策略。文中认为，社会是不断发展的，各个时代都有适合于本时代的治理方法。上古的昊英时代与神农时代不同，神农时代与黄帝时代又不同。昊英时代人少而树木鸟兽多，人们靠木制工具捕杀野兽。黄帝时代，官吏不用仆人，人死不用椁。神农时代，男耕女织，不用刑罚，不用甲兵，而国家治。黄帝创制了君臣制度，父子兄弟之礼，对内用刀锯，对外用甲兵，国家大治。不能说神农要比黄帝高明，黄帝用刑罚、甲兵是时代的需要。时代发展到了今天，形势与黄帝时代又不同，必须要"以战去战""以杀去杀""以刑去刑"。所以说战争、杀戮、重刑是时代的需要，不但不能削弱，还要加强。同时，要把"明法"与重战结合起来。一方面，用严刑峻法清除五种奸民（**不作而食、不战而荣、无爵而尊、无禄而富、无官而长的人**），在国内造成"群臣不敢为奸，百姓不敢为非"的形势。另一方面，"举国而责之于兵"，使民众积极参战。要求全国的民众都去当兵，打仗时就像饿狼看到肉一样。有这样强大的军队，何愁不能取胜。一般说来，战争是人民所厌恶的事情，国君能使人民乐意参战，父亲送儿子、哥哥送弟弟、妻子送丈夫上战场时都说："打仗要勇敢，不取得胜利就不要回来。"又告诫说："不要违反法律，否则，大家都要被处死，连逃的地方也没有。"如果能这样，王业可就成了。可把军队组织为五个人为一伍，用徽章来区别，用命令来约束。士兵逃走没有地方可住，败退没有活路，人人奋勇争先，没有命令，死都不会后退。圣明的君主"不贵义而贵法"，法律一定要严明，政令必须执行，那就够了。这一篇是商鞅以后的法家作品。

《境内》第十九。境内就是国内，篇题取篇首二字而成。本篇主要记述按军功授爵位的制度和办法。具体说来，有以下这些：第一，户口登记。一国之内无论男女都要把姓名登记在官府的簿册上，出生就登记，死了就注销。第二，按爵位的高低享受相应的待遇。有爵位的人由官府供给一定的粮食，并让没有爵位的人给他当庶子。爵位每升一级就增加一个庶子的供养。第三，对军队的组织，在战争中立功和处罚的标准、论功行赏的措施、晋升爵禄等的规定。军队中的爵位，自一级以下称小夫，叫作校、徒、操、公士，从二级以上到不更，叫作卒。作战时，五人登记在一个簿册上，编为一伍。一人逃跑，其他四人受刑。如果四人中有人能斩得敌人首级一颗，就免除他的罪人身份。五人设一屯长，一百人设一将官。作战时，屯长和将官没有获得敌人首级，就要被处死。获得敌人首级三十三颗以上，就达到了朝廷所规定的数目，将官和屯长可各获赏爵位一级。率领五百人的将官，配备卫兵五十人。率领一千人队伍的将官是主将，配备卫兵一百人。俸禄为一千石的行政长官，配备卫兵一百人。俸禄为八百石的行政长官，配备卫兵八十人。俸禄为七百石的行政长官，配备卫兵七十人。俸禄为六百石的行政长官，配备卫兵六十人。守郡国封疆的军事长官，配备卫兵一千人。大将配备卫兵四千人。作战时，将官战死，卫兵就要受刑，卫兵中有人能斩得敌人首级一颗的，就可免刑。围攻都邑城堡，斩敌八千；野战中斩敌二千，军吏自操、校以上到大将，都有赏赐。军队中的官吏，原来的爵位是公士升为上造，原来的爵位是上造升为簪袅，原来是簪袅的升为不更，以此类推。第四，对有爵位的人的审判和处理，有爵位的人死后的荣誉等的规定。刑狱之法规定，爵位高的人审判爵位低的人。爵位高的人罢官后，不给爵位低的人当奴仆。爵位在二级以上的人犯了罪，就降爵。爵位在一级以下的人犯了罪，就取消官爵。小夫以上到大夫的人，如果死了，官级每高一级，坟上的树就多一棵。第五，对攻打别国城邑的布置及奖励办法等的规定。关于此篇的作者，《韩非子·定法》篇引商君之法，说："斩一首者爵一级，欲为官者为五十石之官。斩二首者爵二级，欲为官者为百石之官。官爵之迁与斩首之功相称也。"这几句话与本篇中所说的"能得甲首一者，赏爵一级，益田一顷，益宅九亩，除庶子一人，乃得入兵官之吏"大意相同。睡虎地出土的《秦律》竹简中的十八种秦律中有相关的"军爵律"二条，可见本篇所记述的内容，当是秦国的制度。商鞅确实在秦国制定过这类制度，这一篇极有可能是商鞅的作品。

《弱民》第二十。"弱民"就是要使人民怯弱而不敢犯法的意思，与强民相对。文中着重论述了三个方面的问题。第一，必须实行"弱民"方针，迫使民众（包括旧贵族）遵守国家的法令。作者认为，人民朴实，就会遵守国家的法令，这就是"弱民"。民弱，国家则强。反之，人民放荡，就不易控制，就会任意非为，就是"强民"。民强，国家则弱。第二，要实现这个目标，就必须以法治国，运用刑罚赏赐。作者提出，人民卑辱，就会重视爵位；怯弱，就会尊敬官吏；贫穷，就会重视赏赐。国君用刑罚统治人民，人民就乐意为国出力；用赏赐来激励人民参加战争，人民就会勇敢不怕死亡。第三，要特别注意"六虱"对国家的危害。农、商、官这三者是国家中正常的职业。农民耕种土地，商人贸易商品，官吏依法治理人民。这三种职业常会产生六种虱害。从事农耕的人遇到丰年就不肯努力耕作，浪费粮食；商人贩卖华丽物品，运销专供玩乐的奢侈品；官吏不遵守法制为所欲为，贪赃枉法。要是这六种虱害生了根，国家力量必定削弱。本篇文字内容与前述《去强》有相同之处。文中最后一段中"秦师至。鄢郢举，若振槁。唐蔑死于垂涉，庄蹻发于内，楚分为五"，讲述的历史事件发生在商鞅以后。据《史记》的《六国年表》和《楚世家》记载，楚将唐蔑战死，发生在秦昭王六年（前301），距商鞅之死已有三十七年。又秦取楚鄢郢，事在昭王二十九年，距商鞅之死已经有六十年时间了。这样看来，本篇不可能是商鞅的作品，当是商鞅以后法家一派的作品。

《御盗》第二十一。严万里校本中篇名缺，"绵眇阁"本作"御盗第二十一"。篇文已亡佚。

《外内》第二十二。"外内"指国家的外事和内事，外事主要是战，内事主要是农。作者认为，"民之外事，莫难于战"。国家想要驱使人民积极进行对外战争，一定要用重法。要堵住"淫道"，即不能让搞辩论、学知识的人得到尊贵，不任用游走求官的人，不能长于文学的人个人名誉。反之，这三种人如果得到重用，会影响人民参加战争的积极性。刑罚轻，违反法令的人得不到严惩，就起不到威慑作用。赏赐少，听从法令的人得不到利益，就不可能为国家出力。作者又认为，"民之内事，莫苦于农"，所以国家用缓和的政策不能驱使他们从事农业生产。什么是缓和的政策？那就是农民穷而商人富，粮食贱而钱币贵。粮食贱，农民得不到好处，变得穷苦；钱币贵，商人获利多而富。国家如果不抑制末业，手工业者就可以获利变富，游荡求食的闲杂人员就会随之增多。农民最勤劳，而得到的余利却最少，社会不公，那么还有谁愿意从事农业生产呢？国家要想强大，必须以农为本，提高国内粮食的价格。要加重那些不从事农业生产的人的徭役，对商人加重税收。这样一来，全社会都知道农业的重要性了，商人和手工业者因为粮食贵，赋税又重，只好加入农民队伍中来，从事农耕的人就会增多，人民的力量就都集中到土地生产上了。作者的结论是，国家应该把战场的利益完全给予战士，这样国家就会强大；把市场的利益完全给予农民，这样国家就会富裕。如此就可以成就王业了。本篇或系商鞅的作品。《韩非子·南面》篇说："人主者，明能知治，严必行之。故虽拂于民心，立其治。说在商君之《内外》，而铁殳重盾而豫戒也。"韩非所说的"说在商君之《内外》"，即今本《商君书》的《外内》。韩非既明确引用，说明此篇极有可能为商鞅的著作。

《君臣》第二十三。 本篇是论述国君与臣民的关系。作者认为上古时代，社会纷乱，所以有圣人出，圣人划分等级，制定法度，为的是建立社会秩序。国君的政治措施对臣民有决定性作用。国君所提倡的东西，直接影响着民众的趋向。国君实行"缘法而治，按功而赏"，民众就积极从事农战，国家就会富强。现在的国君"释法治而任名誉"，以致军士不肯作战，农民流动迁徙，不安心务农。国君应该走在时代的前头，引导人民的趋向。既可以引导他们务农作战，也可以引导他们游走求官，也可以使他们从事学问，这都在于国君怎样给予爵禄。如果国君按照人们所立功劳的大小，给予相应的爵禄，人民就会愿意进行战争。国君给予读《诗》《书》的人爵禄，人民就会去钻研学问。人往高处走，水往低处流，人民都是为了自己的利益，却没有一定的目标，这就需要国君去引导。如果让瞠目扼腕、自吹勇武的人得赏，让峨冠博带、空谈游说的人得赏，让长年累月为私门效劳的人得赏，让这三种人得利，就会严重影响人民从事农战的积极性。人民也会学他们的样子，去搞这些活动。这样，从事农战的人越来越少，社会上游手好闲的人越来越多，结果就会是国家发生动乱而领土被别国侵削，军队战斗力减弱，国君的声誉也随之下降。这种情况形式的原因，就是国君放弃了法制而任用了徒有虚名的人。因此，明君要慎重地对待法制，凡是言论不符合法制的不听，行为不符合法制的不推崇，事情不符合法制的不去做，这是治国的最高原则。本篇中有"臣闻道民之门，在上所先"的字样，作者自称臣，看来是献给秦王的书奏无疑。

《禁使》第二十四。"禁使"就是禁止人们犯法和驾驭使用官吏的意思。文章主要论述了国君掌握和运用"势"（权势）、"数"（权术），驾驭臣下治理国家的重要性。作者明确指出，国君禁止人们犯法和驾驭使用官吏的办法，是赏

152

赐和刑罚。赏赐要按照功劳大小，刑罚要根据罪恶轻重，这是一条很重要的原则。国君要正确运用这条原则，要了解、懂得掌握权势及其运用方法。先王治国，并不靠他的强力，而是靠他的权势；不依靠他的信义，而依靠他运用权势的方法，就像飞蓬遇见大风，就能飞行千里之远，这是乘了大风的力量；探测深渊的人，能知道它有千仞的深度，是借用了悬绳。所以凭借外部力量，虽然路远，也一定能够走到。掌握了方法，虽然水深，也一定能够知道深度。国君掌握权势能够恰到好处，官不必多，就能把政务办得井井有条；运用适当的治国方法，处理事情就能得当。作者主张，国君要严格划分官吏的职权，使官吏难以找到营私的道路。国君运用驾驭术，使官吏难以隐藏自己的罪恶，即使像盗跖一样的人也不敢为非作歹了。为了防止官吏之间为了共同利益互相包庇，需要建立起一套完整的监督机制。本篇文中有"臣以为不然"的话，显然也是献给秦王的书奏。

《慎法》第二十五。"慎法"就是认真地执行法治。文中指出，世俗所采用的那套"举贤能"的治国方法，恰恰是乱国的办法。小治就小乱，大治就大乱，可见此方法是造成国家混乱的原因。世俗所谓的贤人，说他们具有贤良正直的品德，只不过是他们平日高谈阔论，经其党羽吹捧而成，没有什么了不得。如果重用了这样的贤能之士，那就是误导了官吏和人民，以为巧言善辩的人可以得到富贵，大家纷纷效仿，就没有人关注农战了。人民如放弃农战而讲空话，国家的实力就会减弱。用这些人去打仗，必定损兵折将，国家就危险了。所以，国君必须遵守法度，不予那些贤人、说客和儒生官爵，只给有功的将士。国君用刑罚和赏赐两种手段，坚决执行农战政策，国家才能强大。本文中出现了"臣故曰……""臣以为……"等语句，可证此篇也是作者献给秦君的书奏。

《定分》第二十六。定分，就是确定权利的名分。文中认为，要定分，必须制定统一的法令，设置由中央领导的各级专职法官。办法是在国内寻求明晓法令条文的人，由下面推荐给天子，再由天子任命他们担任各级法官。他们如果忘掉或不执行法令条文的某项规定，就按照这条法令条文的规定，治他们的罪。主管法令的官吏迁移或死亡，由学习法令的人补上，在规定的日程内必须熟悉通晓法令，否则也要被严办。如果有人胆敢增加或删减法令条文中的一个字，便是死罪。人民和官吏可向法吏询问法令条文中的问题，法吏有解释的义务。如果法吏懈怠，没有尽到告知的义务，而询问的人正好犯了这条法令，就按照此条法令的规定处理法吏。法令都有一个副本，副本藏在天子殿中的禁室里，严禁偷阅、私改，违反便是死罪。每年依照禁室里所藏的法令条文，把法令颁发给官吏。天子设置三个法官：天子殿里设置大法官一个；御史衙门设置法官和法吏各一个；诸侯和郡县，也由天子任命法官、法吏各一员。这些法官都受朝廷大法官的节制。文中还认为，法令就是人民的生命、治国的根本，是防止人民作恶的工具。给法令设置法官、法吏，让其做天下人的老师，就是为了确定名分。"吏为之师"后，用"明白易知"的法令来统一民众的言行，使人民"知所避就"，国家就能大治，进而达到天下大治。本篇开头出现的"公问于公孙鞅曰"，即秦孝公问商鞅，显然是后人记述的文字，不是商鞅自作。文中还出现了"丞相"字样，按《史记·六国年表》记载，秦武王二年，秦国初置"丞相"一职，这已是商鞅死后三十年的事了。由此可见，此篇非商鞅作，系商鞅一派法家人物的作品。

通过以上对《商君书》各篇内容的分析，可知今本《商君书》中有商鞅的遗著，也有商鞅以后法家人士的作品。既非出于一手，也非成于一时，是商鞅遗著与其他法家著作的合编本。从现存二十四篇的主旨看，皆以耕战为本，而以法推行之，与商鞅平时主张若合符节。罗根泽认为本书是商鞅的间接徒属，或赞成商鞅之说者，采摭其遗言遗教而加以阐发而成。郑良树认为，史籍所载商鞅车裂时，秦惠王仅"灭商君之家"，不言连坐其他人士。商鞅执政近二十年，其生徒及党属为数一定不少，史籍皆不言他们遭受株连之祸，可见他们依然留在秦国的各个角落发挥作用。这些显然是商鞅的直接徒属。商鞅被车裂之后，可以肯定的是他的思想和政策不但继续在秦国发扬和推动，而且形成了一个学派，这就是商学派。所谓商学派，当然不必全是商鞅亲炙的学生，也不须完全是商鞅的直系弟子。只要服膺商鞅的农战思想，以秦孝公变法以后秦国的"政治趋势"及"强国主张"为主要认同对象，就是商学派了。这些对于我们理解《商君书》有很大的帮助。

商鞅的思想

今本《商君书》虽不完全是商鞅的著作，而是商鞅及商鞅后学著作的合编本，但主旨不会背离商鞅的思想，这是可以肯定的。那么商鞅的思想具体有哪些呢？

商鞅的"农战"思想

商鞅思想中的核心内容是"农战"。《商君书》中有《垦令》篇，高亨先生认为这是商鞅在变法中起草的方案，很有道理。商鞅重农，认为农业是国家的根本，为此提出了二十种重农的具体办法。商鞅新法中明令要"修力本业，耕织致粟帛多者复其身。事末利及怠而贫者，举以为收孥"。本业是指农桑业，也就是耕织，这是政府大力提倡的。积极生产、为国家多交粟帛的人，可以免除其本人的徭役。"修力本业"就是要让秦国人民直接从事农业生产劳动。对这部分人，国家要鼓励扶持，以调动他们的生产积极性。与本业相对的是事末利者，指不直接从事农业生产的人，主要是商人和手工业者。这就是把农业提到"本业"的地位，其他的都是"末业"，至于那些不从事农业生产的"游食者"，更在商鞅的打击之列，不但本人要受到惩罚，连其妻子儿女也会受到牵连，没入官府当奴隶。这是用强制惩罚的手段，使"工商之民"和"游食者"回归农业生产的队伍中来，这种措施不可谓不严厉。

商鞅重兵，《商君书·境内》中有具体的军功奖惩措施。商鞅新法对取得军功的战士有种种优厚的待遇。新法中有"有功者显荣，无功者虽富无所芬华"这条法律，实际上就是最好的说明，也是商鞅新法中的核心内容。目的就是在社会上形成一种风气：全社会崇尚军功。有功者无比光荣，有社会地位；无功者即使富有，也不能享有政治和经济上的特权。又，史料记载，商鞅本人也曾领兵出战，还写了兵法著作，《汉书艺文志·兵书略》著录了《公孙鞅》二十七篇。

商鞅的重农重战思想，其后学将之总结为"农战"思想。《商君书·农战》开篇即提出了"国之所以兴者，农战也"。将"农战"两件事上升到关系国家兴盛衰落的高度上，这是商鞅以前的思想家不曾提出过的。《农战篇》说：

> 圣人知治国之要，故令民归心于农。归心于农，则民朴而可正也，纷纷则易使也，信可以守战也。

这里指出了"治国之要"，在于让人民专心农业生产。人民积极从事农业生产，国家才能富裕；人民积极从事战争活动，国家才能强大。

商鞅的法治思想

商鞅是法家著名的人物之一，其思想源流上承李悝，下传韩非、李斯，在先秦影响颇大。在这些人中，商鞅的法治思想成就最大。归纳起来主要有以下几点：

第一，商鞅变法的目的是富国强兵，强化王权，使政出一门，限制公卿贵族特权，规范百姓行为。商鞅认为法对于百姓来说是用来"定分止争""以刑去刑"，是确认土地和其他财产的权限，并对不守法的"奸邪之民"进行惩罚的。而对百官公卿而言，法令是用来规范其行为，不给其坐大机会的。

第二，刑无等级，"自卿相将军以至大夫庶人，有不从王令，犯国禁，乱上制者，罪死不赦"。商君变法中的法平，即使家有千金，也不能花钱减刑。尤其难能可贵的是，政敌与政友在法律面前也是平等的，不因你反对我的政见就法办，也不因你拍马屁拥护我就不法办你。在公庭上反对变法，属合法的公议，所以商鞅的政敌甘龙、杜挚等活得好好的。

商鞅的"轻罪重刑"思想

商鞅治理百姓主要是用轻罪重罚的手段。商鞅提出："行罚，重其轻者，轻者不至，重者不来，此谓以刑去刑，刑去事成。"(《商君书·靳令》)意思是说对轻罪施以重刑，轻罪就不会再出现，重罪也就没有了。这就叫用刑罚来废止刑罚。刑罚去除了，国家的事业也就大功告成了。所谓"重其轻者"，甚至包括了仅仅有犯罪意图的人。他认为："刑加于罪所终，则奸不去""刑用于将过，则大邪不生"。(《商君书·开塞》)意思是，如果犯罪已经发生了再对犯罪者处以刑罚，奸邪就不会消除，如果在人们刚要犯罪的时候就加以惩罚，重大的邪恶就不会产生了。由此可见，商鞅的本意是防患于未然，让百姓因畏惧而不敢犯刑，但客观上却让百姓动辄得咎，因为执法的尺度是由掌权者来定的。刑罚之网无所不包，惩罚对象无所不及。商鞅反对重刑轻判，甚至反对轻刑轻判。他认为："以刑去刑，国治。以刑致刑，国乱。故曰：'行刑重轻，刑去事成，国强；重重而轻轻，刑至事生，国削。'"（《商君书·去强》）这也正是他主张轻罪重罚的理论根据。

商鞅的"非儒"思想

商鞅所处的时代，是百家争鸣的时代，是各诸侯国变法图强的时代，各类主张如雨后春笋纷纷出现。大大小小的诸侯国要的是富国强兵之策，要的是称霸之策、图存之策，因此各类士人各抱主张，游走于诸侯国以求录用。儒家的孔子怀揣"克己复礼"的济世之学在诸侯国之间游说，但是受者寥寥。被儒家称为亚圣的孟子与商鞅所处时代相去不远，比商鞅约小二十岁。孟子也像孔子那样周游列国，曾到齐、宋、滕、魏、鲁等诸国推行自己的治国理念。他主张法先王、行仁政，提出"民贵君轻"的思想，前后历时二十多年。但孟子的仁政学说被认为是迂腐空谈没有实际意义，也没有得到诸侯国采纳。可见，儒家学说在诸子百家中只是其中的一家，当时的显学是法家、墨家、稷下道家等。诸子各家都以自己的主张为是，而以其他各派为非，这是很正常的，相互攻讦也在所难免。更何况咸与争锋的各诸侯国没有一家因采用儒家治国之策而强盛的。因此，商鞅非议儒学是很正常的，算不上什么过错。

先秦儒家的经典主要是六经，即《诗经》《尚书》《仪礼》《乐经》《周易》《春秋》，儒家的核心主张是仁、义、礼、智、信。而商鞅认为治理国家应以法规为重，主张"慎法"，即认真执行既定法规，而儒家的学说则与治理国家背道而驰，是妨害国家富强、搅乱百姓心性的谬论。商鞅将儒家提倡的治国理念视为"六虱"，即对国家有危害的六种观念习俗。《商君书·靳令》以《礼》《乐》、《诗》《书》、修善孝弟、诚信贞廉、仁义、非兵羞战为"六虱"。称"六虱不除，国无宁日"。《韩非子·和氏》篇里记载："商君教秦孝公以连什伍，设告坐之过，燔《诗》《书》而明法令。"烧的这些诗书多是儒家经典。

商鞅被诛后，秦的法纪依然，并没因商鞅被诛而废。这也说明商鞅的非儒思想深受当政者的喜欢，儒家的学说在秦依然没有市场。到秦始皇时更是变本加厉，"焚书坑儒"造成中华文化的千古劫难，始作俑者非商鞅莫属。

商鞅学说思想对后世的影响

在历史上，商鞅是个有争议的人物，但商鞅学说的影响是十分深远的。一般说来，改革的核心是一种利益的重新分配，这样必然会触动既得利益集团的利益，而既得利益集团通常势力强大，盘根错节，关系复杂，一荣俱荣，一损俱损，因此改革难度也很大。这样就形成了改革家依附于最高权力者，他的命运也取决于最高权力者的局面。除非最高权力者同时也是改革者，否则，改革家作为悲剧人物的结局几乎是一种必然。

至于商鞅本人从来都是毁誉并存。商鞅的政治思想几乎影响了中国两千余年。同是效力于秦的法家人物李斯认为："孝公用商鞅之法，移风易俗，民以殷富，国以富强，百姓乐用，诸侯亲附。"

西汉的桑弘羊也说："昔商君相秦也，内立法度，严刑罚，饬政教，奸伪无所容。外设百倍之利，收山泽之税，国富民强，器械完饰，蓄积有余。夫商君起布衣，自魏入秦，期年而相之，革法明教，而秦人大治。"

西汉著名的经学家刘歆对商鞅极尽赞美，他说："夫商君极身无二虑，尽公不顾私，使民内急耕织之业以富国，外重战伐之赏以劝戎士。法令必行，内不私贵宠，外不偏疏远。是以令行而禁止，法出而奸息。"

北宋的王安石也对时政做过改革，对商鞅十分欣赏。他赋诗道："自古驱民在诚信，一言为重百金轻。今人未可非商鞅，商鞅能令政必行。"

近人梁启超也在其编著的《中国六大政治家》中，将商鞅列为中国历史上最伟大的政治家之一，与管仲、诸葛亮、李德裕、王安石和张居正同列。

当然，对商鞅的负面评价也不少。司马迁在《史记·商君列传》中说："商君，其天资刻薄人也。……余尝读商君开塞耕战书，与其人行事相类。卒受恶名于秦，有以也夫！"可见，司马迁对商鞅评价不高。

西汉贾谊认为："商君违礼义，弃伦理，并心于进取，行之二岁，秦俗日败。"五代时的史学家、《旧唐书》的编撰者刘昫将商鞅归为酷吏一类，称："威刑既衰，而酷吏为用，于是商鞅、李斯谲诈设矣。"

其实，对商鞅的不同评价是正常的，每一种看法都是评价者的立场使然，见仁见智而已。赞赏者看到的是商鞅变法给国家带来的富国强兵、行政效率和权力拥有者的权威。批评者看到的则是商鞅成就了一个蔑视文化的残暴的秦王朝。在秦的苛政下，百姓苦不堪言。秦王朝是建立在赤裸裸的暴力基础上的，商鞅自己也执法严酷，曾在渭河边一日处决囚犯七百人，河水因此变红，号哭之声惊天动地。

但是，由暴力支撑的强权也很脆弱。秦王朝因商鞅变法而强盛，到秦始皇时达到顶点。唐人杜牧在《阿房宫赋》中感叹："使天下之人，不敢言而敢怒；独夫之心，日益骄固。

戍卒叫，函谷举；楚人一炬，可怜焦土。"秦王朝盛极而亡
不也是苛政之鉴吗？由此可见，商鞅的严刑峻法对百姓而言
实在不是什么好的管理模式。

附录

年　　谱

前 390 年（秦惠公十年）　商鞅约生于此年。

前 385 年（秦出子二年）　秦庶长菌改迎立公子连，杀其君
　　　出子。公子连在秦国的内乱中武装夺取政权，是为秦
　　　献公。

前 384 年（秦献公元年）　秦献公在秦国开始改革，颁布
　　　"止从死"的法令，正式废除了落后野蛮的活人殉葬
　　　制度。韩伐郑，取阳城。又伐宋，攻入彭城，俘虏了
　　　宋悼公。

前 383 年（秦献公二年）　秦献公将国都由雍迁至栎阳（今
　　　陕西临潼北）。

前 382 年（秦献公三年）　楚悼王任用法家吴起实行变法。
　　　变法的主要内容是："废公族疏远者"，强制旧贵族到
　　　人少偏远的地方去开荒；裁减官吏、节约开支，抚养
　　　战士；改革旧的风俗习惯；等等。

前 381 年（秦献公四年）　楚悼王死，楚国旧贵族乘机发动

叛乱。吴起遇害。

前 379 年（秦献公六年） 秦把蒲、兰田、善明氏等地改建
    为县，由中央任命官吏，加强中央集权。

前 378 年（秦献公七年） 秦"初行为市"，加强商业市场
    的管理。

前 375 年（秦献公十年）） 秦"为户籍相伍"，实行新的户
    籍管理制度，便于管理。

前 365 年前后（秦献公二十年前后） 商鞅早年喜好法家学
    说，曾在变法较早的魏国研究李悝变法经验，做过魏
    相公叔痤的家臣。公叔痤对他十分器重。

前 364 年（秦献公二十一年） 秦国战胜魏国于石门，斩首
    六万。

前 362 年（秦献公二十三年） 秦与魏战于少梁，俘虏魏将。
    秦献公死，孝公继位。

前 361 年（秦孝公元年） 孝公奋发图强，决心改变秦国落
    后面貌，发布求贤令，招揽人才。商鞅携带《法经》
    由魏到秦。四月，魏徙都大梁。

前 359 年（秦孝公三年） 商鞅建议孝公推行法治，得到孝
    公信任。但旧贵族代言人甘龙、杜挚等反对变法。双
    方在孝公面前辩论。

前 356 年（秦孝公六年） 商鞅任左庶长，掌握秦国军政

实权。

前355年（秦孝公七年） 秦孝公与魏惠王在杜平相会。邹忌以鼓琴进说齐威王改革。

前354年（秦孝公八年） 魏与赵发生战争。魏军包围了赵国首都邯郸，赵向齐国求救。齐军却不直接救赵，而是派兵进攻魏的襄陵，这就是军事史上有名的"围魏救赵"战例。由于秦国实行商鞅新法，崇尚军功，秦军斩魏军七千首级，攻取了魏国的少梁。这是商鞅变法以来取得的首次军事大捷。

前352年（秦孝公十年） 商鞅升为大良造，地位相当于相国兼将军。商鞅亲率大军围攻魏国旧都安邑，魏军被迫投降。

前351年（秦孝公十一年） 商鞅率领军队攻魏，占领了魏的固阳。韩国的韩昭侯以法家申不害为相，实行变法。

前350年（秦孝公十二年） 在商鞅的监修下，秦于咸阳大兴土木，建造宫殿楼阁，把国都从栎阳迁往咸阳。商鞅实行第二次变法。

前348年（秦孝公十四年） 秦实行"初为赋"，这是商鞅变法中的一项重要内容，也是中国历史上出现最早的人头税。

前343年（秦孝公十九年） 周天子封秦孝公为伯，这就是

"天子致伯"。周天子虽然式微，但名义上仍然是天下共主。获得了周天子的封爵，等于取得了更合法的地位。

前342年（秦孝公二十年） 魏与齐、赵、宋发生了争战。商鞅见时机已到，连忙向秦孝公献策。秦孝公欣然接受了商鞅的建议。九月，商鞅率领秦军伐魏。十月，赵国也出兵攻魏。魏两面受敌，力不能支，为秦所败。

前340年（秦孝公二十二年） 齐、赵两国又联合攻魏。商鞅率领秦军继续进攻魏之西鄙。商鞅背信弃义俘虏了魏公子卬。魏军因没有了主帅，溃不成军。秦军乘机发起进攻，获得大胜。秦孝公将于（今河南内乡县东）、商（今陕西商洛市东南）之地十五邑封给商鞅。商鞅因此号为商君。

前339年（秦孝公二十三年） 赵良往见商鞅，与商鞅作了长篇谈话。主旨无非是让商鞅放弃新法，善待旧贵族们。

前338年（秦孝公二十四年） 商鞅又率领军队进攻魏国。秦军会同降服的大荔之戎围攻郃阳。又渡过黄河和魏军在岸门（今山西河津南）交战，获得大胜，并俘虏了魏军主将魏错。秦孝公去世，太子驷即位，是为秦惠文王。车裂商鞅。

主 要 著 作

商鞅现存的著作有《商君书》二十四篇。此书的情况比较复杂，其中有商鞅遗著，也有商鞅死后商鞅后学者的著作。历来学者对《商君书》各篇有争议。有关《商君书》一书的流传及篇目真伪的问题，详见正文的辨析。

参 考 书 目

1.司马迁:《史记》，中华书局，1987 年。

2.蒋礼鸿:《商君书锥指》，中华书局，1996 年。

3.高亨:《商君书注译》，中华书局，1974 年。

4.《睡虎地秦墓竹简》，文物出版社，1978 年。

5.黄中业:《战国变法运动》，吉林大学出版社，1990 年。

6.郑良树:《商鞅评传》，南京大学出版社，1998 年。